JN026621

Vampires

オーブリー・シャーマン
Aubrey Sherman

ヴァンパイアの教科書

神話と伝説と物語

元村まゆ 訳

The Myths, Legends, & Lore

原書房

Vampires
The Myths, Legends, & Lore

Contents
目次

序章

　私たちの想像力の影の部分に、あやしい夜の魔物がひそんでいる。長身で痩せこけ、エキゾティックでぞっとするような美貌の持ち主だが、赤い火花を宿した目があなたを捉えるやいなや、深紅の唇からのぞく白い牙があなたの肌にくいこんでいく。

　ヴァンパイアは文明が誕生してまもないころから、文学、芸術、神話、宗教において、邪悪な闇の存在としてつねに人間のそばにいた。だが、この150年ほどの間に、他のどの伝説上の存在にも増して、ヴァンパイアはロマンティックでエロティックな性格を付与されてきた。

　多くの人にとって、ヴァンパイアは愛と死、エロス（愛の神）とタナトス（死の神）という相反する性質を体現している。ヴァンパイアは人間の生き血を吸うことによって生き永らえると知っていてさえ、人はその行為ゆえに心を惹かれるのだ。

　人間はなぜヴァンパイアの伝説にこれほど心を惹かれるのか。おそらく、死という現象に対する人間の憧憬を、ヴァンパイアが映し出しているからではないだろうか。ヴァンパイアは、結局のところ、生と死の間に宙づりになっている。『吸血鬼ドラキュラ』の著者ブラム・ストーカーは、周知のとおり、ドラキュラを「アンデッド」（死者でも生者でもない存在）と表現した。この闇の世界から、彼らは恐ろしい代償と引き換えに、永遠の命という約束を差し出してくる。あるいは、私たちがヴァンパイアに心を惹かれるのは、彼らが人間の血に引き寄せられるからかもしれない。血は人間の命の源だ。『吸血鬼ドラキュラ』でドラキュラの手下となる精神病患者レンフィールドはいみじくも、「血は命なり」と言っている。

R・ド・モレーン『ヴァンパイア』
(リトグラフ、1864年)

　今日、ステファニー・メイヤーの小説『トワイライト』に登場する美し
きエドワード・カレンであれ、シャーレイン・ハリスの『スーキー・スタッ
クハウス（Sookie Stackhouse）』シリーズの中心人物である男性のヴァン
パイア、ビル・コンプトンやエリック・ノースマンであれ、テレビドラマ
『バフィー〜恋する十字架〜』の主人公バフィーの元恋人で悩めるヴァン
パイアのエンジェルであれ、ヴァンパイアは嫌悪感より欲情をかき立てる
ものになった。また、ヴァンパイアはサブカルチャーにおいても重要な役
割を果たしている。黒ずくめの服を着て、ボディピアスをいくつも施した
ゴスと呼ばれる人たちは、アン・ライスやポピー・Ｚ・ブライトの小説に
ミューズを見出している。

　本書で紹介するヴァンパイアの神話や伝説を検討していくうちに、この
ミステリアスでパワーにあふれた、危険でエキゾティックな魔物への理解
が深まり、なぜ彼らに心を惹かれるのか、その理由が見つかるかもしれな
い。

Part

1

THE ORIGINS OF VAMPIRES

ヴァンパイアの歴史

✢第1章✢

ヴァンパイアの
起源

建物が古くて大きいとは大変結構だ。
余も古い家の出のものでな。

——ドラキュラ伯爵、ブラム・ストーカー『吸血鬼ドラキュラ』
（田内志文訳より）

何世紀にもわたり、数多くの文化において、ヴァンパイアは民間伝承や神話の影の部分の中心的存在であり続け、現在も、この闇の世界の恐ろしい物語に対する私たちの情熱はまったく衰えを見せていない。これほど心を惹かれる理由のひとつに、死後の世界への希求があるのかもしれない。こうした魔物が今も霊界に存在しつづけているのなら、この世界の暗部にも死後の世界が存在していると信じることを単なる妄信と言えるだろうか。

長寿と繁栄

　これまでのヴァンパイアおよびヴァンピリズム（「吸血衝動」「吸血鬼状態」または「吸血鬼信仰」など、ヴァンパイアに関することを広く包含する言葉）の研究はすべて、現在私たちが知っているような形のヴァンパイア——すなわち、ブラム・ストーカーが1897年に発表した画期的な小説『吸血鬼ドラキュラ』——の誕生に結びついている。この小説は称賛されてしかるべき作品だが、亡霊——冥界からよみがえったもの——と呼ばれる存在の伝説をとりまく、はるかに豊かな歴史があることを忘れてはならない。畏敬されてきたギリシアやエジプトの神話の神々と同じように、血を求めて闇の世界をさまよう魔物たちをめぐる伝説、迷信、信仰は多数存在し、私たちの原初的な恐怖心を刺激する。ほとんどの民間伝承にはヴァンパイアという言葉は使われていないとしても、私たちがよく知っているヴァンパイアは、このようなアンデッドの物語から、どのように進化してきたのだろう。

　ヴァンパイアに類する幽鬼の物語は、その伝説が生まれた国、その後の変遷、また、どのような民俗学者や歴史学者によってその物語が語られるかによって大きく異なる。現在ほとんどのヴァンパイアあるいはヴァンパイアの性質をもつ魔物は、人間と動物の混血、ゾンビのようなけだもの、悪魔の血筋とされている。

夢魔　インキュバスとサキュバス

古い民間伝承に出てくる夢魔（インキュバス）は男の悪魔で、眠っている女性に望まぬ性的関係を強要する。その女性版はサキュバスと呼ばれる。どちらもドイツのアルプ、ハンガリーのリデルクなど、ヨーロッパの初期のヴァンパイアと関連づけられることが多い。ブラジルにもボトという男の夢魔の伝説があり、女性を誘惑して川へ連れていく。当然の成り行きとして、女性が妊娠すると、夢魔はもっともらしく、都合のよい言い逃れをする。

ヴァンパイアはどのようにして
誕生するのか

　この質問に対する最もわかりやすい答えは、他のヴァンパイアに咬まれることで仲間入りするというものだ。大部分はこれに当てはまるが、ヴァンパイアの誕生については、ヴァンパイアのタイプや、伝説や神話、文学、映画など描かれる媒体によって、無限のパターンがある。例えば、宇宙からやって来たヴァンパイアには、人間を咬むのではなく、口と口とを

「ヴァンパイア」という言葉の起源

　「ヴァンパイア」という言葉は民間伝承には通常使われてはいないが、最初に英語の文献に現れるのは1600年代後半だ。作家のキャサリン・ラムズランドは、1810年の『1734年の3人のイギリス人によるベネチアからハンブルグまでの旅、ドイツをめぐる大旅　行 (Travels of Three English Gentlemen, from Venice to Hamburg, Being the Grand Tour of Germany, in the Year 1734)』に、ヴァンパイアについて「死体が生き返った」という描写が出てくると記している。

接触させることによってそのエネルギーを吸いとるものがいる。
　民間伝承のあちこちに、人間がヴァンパイアに変化する様子が、さまざまな形で描かれている。アンデッドになる可能性が高いとされるのは、婚外子、罪深い人間あるいは犯罪者として人生を送る者、自殺者、ヴァンパイアに見つめられた女性、さらに7番目の息子の7番目の息子（ヨーロッパには7番目の息子の7番目の息子は魔法使いになる、または特殊な能力をもつという伝承がある）など。だが、これは氷山の一角にすぎない。文化によって、さらにその文化の迷信や信仰によっては、ヴァンパイアは生まれたときから歯が生えているとか、魔女のように乳頭が3つあるとされている。洗礼を受けなかった人や聖日に生まれた者、黒魔術を行う者や変死を遂げた者もヴァンパイアになる恐れがある。

ヴァンパイアの「親」

　もしヴァンパイアに血を吸われたら、吸われた者はヴァンパイアにな

り、吸った者を「親」、吸われた者を「子」とする主従関係が発生する。大半のヴァンパイアは、犠牲者からどれくらい血を吸えばいいのかを学ばねばならない。少しずつ吸えば、犠牲者が死ぬまで、あるいはヴァンパイアが望めばアンデッドの世界に入るまで、かなり長い期間、ヴァンパイアはその血で飢えを満たすことができる。血を吸うという行為は、ヴァンパイアにとって自制を要するものだ。性的興奮や錯乱を引き起こすことが多く、慎重にコントロールしないと、犠牲者を殺してしまうからだ。

　ヴァンパイアのタイプにより、犠牲者をヴァンパイアにする過程はさまざまだ。新しくヴァンパイアになった者が自分の血を吸ったヴァンパイアの記憶を譲り受ける場合もあれば、何も教えられず、自分で自分のパワーや血への渇望に気づく場合もある。アン・ライスの小説『夜明けのヴァンパイア』では、ヴァンパイアへのインタビューという形でその半生が語られるが、若きヴァンパイア、ルイはレスタトというヴァンパイアの手にかかり 1791 年にヴァンパイアになったと話す。そして、そのときの状態を、「私は弱りはてからだが麻痺してしまった」と言い、恐怖にとりつかれてしまい、自分の意思で口をきくことすらできない始末だったと語る。レスタトの血によってイニシエーションを受けてからは、ルイは自由に歩きまわり、初めてヴァンパイアとしての目で世界を見るようになった。

生ける死者の夜

　民間伝承に出てくるヴァンパイアの大半は、美しく、白い肌をした、光を放つ存在ではない。ほとんどが汚らわしく腐敗した生ける屍だ。伝染病の犠牲者であれ、元が貴族であれ、普通の農夫であれ、人間らしさの片鱗もない。すべてのヴァンパイアに共通するのは、人間に恐怖を呼び起こす力があるということだけだ。

　恐怖は人間の感情の主要な要素であり、ヴァンパイアと同様に、想像力を餌にして、心の隅の暗がりでじっと身を潜めている。ヴァンパイアは人間を恐怖に陥れ、それによって活力を得る。伝承のなかのヴァンパイアめ

いた魔「物はしばしばおぞましい姿をしているため、ヴァンパイアのことを考えるだけでたちまち恐怖に襲われるのも無理はない。ヴァンパイア小説でその描写を読むと、背筋がゾクゾクする。映画に登場するヴァンパイアはまさに悪夢だ。獲物に対して逆上して飛びかかる場合でも、不気味に時間をかけて求愛する場合でも、ヴァンパイアの毒牙がむきだしの肌に突き刺さるシーンを見たら最後、その印象はいつまでも消えない。多くの恐ろしいヴァンピリズムの物語のなかにはいくつかテーマがあり、こうした不吉な思いを私たちの心に刻みこむ。テーマのなかでも、とりわけ顕著なのが伝染病とペストだ。

疫病

　歴史を通して、人類はありとあらゆる災難に苦しめられてきた。家畜や農作物の損失、事故、制御不能の天候、原因不明の死、正気を失った行動、そして、さまざまな種類の疫病だ。このような災難に見舞われると、昔も今も非難と報復の矛先が必要になる。ペストが流行すると、病気の流行の原因を突きとめるために、超常的あるいは超自然的な行為を非難するなど、ヒステリックな糾弾がなされる。病気がヴァンピリズムを引き起こすと信じられていた時代もあった。その結果、アンデッドを近づけないための護符が普及した。例えば、空気伝染する病気は、瀕死の患者の匂いによってうつると信じられていた。そのため、匂いを寄せつけず、邪悪な悪魔を撃退するために、人々はニンニク、ビャクダン、香木、香水、動物の糞といった刺激臭を身辺にまき散らした。人間の排泄物も使われたという。

　ヴァンパイア、魔女、人狼などあらゆる架空の魔物は、社会ののけ者と同様に、安易に災難の原因にされた。子供、妊娠中の女性、助産婦さえ白い目で見られた。自然療法医をはじめとする施術者、あるいは当時社会の辺境と考えられていた場所で暮らしていた人々も、しばしば嫌疑をかけら

ヴァンパイアとペスト

腺ペストは 1340 年代にアジアで流行が始まり、1347 年までに急激にヨーロッパに広がり、ヨーロッパの人口の 3 分の 1 を死滅させた。末期になると皮膚に黒い斑点が浮き出すことから黒死病とも呼ばれ、民間伝承ではしばしばヴァンピリズムと関連づけられた。ヴァンパイアを題材にしたSF小説家や映画監督の多くが、この結びつきをモチーフにしている。その例としては、リチャード・マシスンの小説『地球最後の男』や、2006 年公開の映画『ウルトラヴァイオレット』が挙げられる。

れた。同様に、運悪く病気が流行した時期に村へやってきたよそ者は強い嫌疑の対象になった。古代には、民間伝承に出てくる魔物が疑惑の対象となった。霧や光となって出現し、生きた人間や死体を食べて生きるインドのブータや、子供の血を吸い、農作物の精気を吸いとる西アフリカのヴァンパイア、アシャンティ族のオバイホなどがその例だ。

　中世のペストの流行期には、腺ペスト（リンパ腺がおかされるもの）であれ、敗血症型ペスト（血液がペスト菌に汚染されたもの）であれ、肺ペスト（ペスト菌が肺に侵入したもので、空気感染する）であれ、病気の発生源としてアンデッドも嫌疑をかけられた。このような状況下では、容疑者（例えば最初の感染者）を特定するために、死体に杭を打ちこむ、ある

いは焼却するといった対策がとられた。死体を焼いた灰は川に投げこまれたり、お祓いをした地面に撒かれたりした。

「血は命なり」

　ストーカーの『吸血鬼ドラキュラ』には、精神病院の院長セワード医師が、患者のレンフィールドにナイフで襲われた事件について語る場面がある。院長は手首に傷を負ったが、床に流れ落ちた血をレンフィールドが舐めて、「血は命なり！　血は命なり！」と繰り返したという。このよく耳にする言葉は、本質的にヴァンパイアの世界と結びついている。結局のところ、人間は血によって機能している。人は血を大切にし、求め、血にかけて誓い、血を研究し、流し、利用し、血の病にかかり、血を吐き、ついには、精神力も体力も若返らせる妙薬として血を崇拝する。血はさまざまな意味を帯びて、差し出されたり、受け取られたりする。捧げものとして、赦免の印として、復讐において、命を救う見返りとして、あるいは命を奪う目的で。血は人類の黎明期から、人と人とのつながりにおいて豊かな歴史を築いてきた。そして、現在もクリエイティブな想像力を刺激しつづけている。しかしながら、現在の多くのヴァンパイアは、血そのものよりも、精神的あるいは霊的エネルギーを吸いとることに夢中になっている。もちろんヴァンパイアのタイプにもよるが、ヴァンパイアの心を惹きつけているのは、人間の生命力、霊的エネルギー、魂なのだ。

歴史的象徴性

　血は人類の黎明期から、精神的なものであれ、肉体的、科学的、宗教的、超自然的、あるいは隠喩的なものであれ、象徴的な意味を持っていた。東ヨーロッパの初期のキリスト教以前の信仰から古代マヤ文明まで、あるいは数世紀にわたる戦士、部族、魔術の施術者、連続殺人犯、科学者まで、血の儀式や犠牲の記述や伝説は、歴史を通して数え切れないほど存

在している。例えば、戦士は自分のパワーを増強するために、敵の血を飲んだことはよく知られている。同様に、現在においても、ケニアのマサイ族の戦士は、さらなる力を得られると信じて、牛の頸静脈を切って血を放出させ、牛乳に混ぜて飲む。

　多くの神々もまた、血の犠牲と関連がある。インドのカーリー神（「黒」または「黒き者」の意）は、ヒンドゥー教の破壊と殺りくの女神で、特に疫病とせん滅を司（つかさど）るとされている。カーリーは4本の手を持ち、しばしばどくろまたは生首の首飾りを身につけ、牙をむき出し、舌を突き出したおどろおどろしい姿で描かれる。凶暴なラクタヴィージャとの伝説の戦いでは、ラクタヴィージャを槍で突いてその血を飲んだため、ヴァンパイア的なイメージがつきまとうようになった。カーリーの崇拝者はしばしば山羊をいけにえとして捧げる。

　血が隠喩として使われる例で、最もよく知られているのは、おそらくキ

リストの血を象徴するワインだろう。この血の象徴性は、キリスト教世界では、ヴァンパイアを悪魔とみなす前提を考えると、最も理解しやすいだろう。命に等しい血を奪うというヴァンパイアの行為は、十字架、聖水、教会、聖地、聖餐式の聖餅（オスチア）（キリストの体を象徴する）といった神聖なものに対してヴァンパイアが嫌悪を感じることとも矛盾しない。ブラム・ストーカーは『吸血鬼ドラキュラ』で、意図的に血の意味を聖書に結びつけようとしたが、その後数十年にわたり、多くの著者が彼に追随した。「血は命なり」と

血のみが歴史の歯車を回す。

——マルティン・ルター
ドイツの神学者

いう言葉は旧約聖書の『申命記』第 12 章 23 節に出てくるが、23 節全体は「ただその血は断じて食べてはならない。血は命であり、命を肉と共に食べてはならないからである」というものだ。天国の象徴的な敵対者であるドラキュラは、血を用いて神に復讐しているのだ。

血と不滅の命

　歴史の大部分において、血は生命が物質としてあらわれた最たるものとされている。血が血管をめぐらなければ、人間は生きられない。民間伝承、特にヴァンパイアの伝承では、血は不滅の命と密接に結びついている。血を吸うことができないと、伝統的なヴァンパイアは——他のどんなヴァンパイアも同様だが——飢え死にしてしまう。そのために、彼らは捕食動物のような行動に駆り立てられ、民間伝承のヴァンパイアめいた存在を生み出した。その多くは——ギリシアのラミア、インドネシアやマレーシアのポンティアナック、インドのラクシャーサ、西アフリカのアシャンティ族のオバイホ、マレーシアのランスイル、ルーマニアのストリガのように——子供、女性、妊婦に、おそらくは復讐のため、あるいは単に生き延びるために、もしくは永遠の若さと活力を得ようとして、襲いかかる。この種の伝承では、ヴァンパイアは血の領域の他の強力なシンボルと関連

飲血の作法

すべてのヴァンパイアは血を飲むわけだが、上品に飲もうがぞんざいに飲もうが、その作法に決まりはない。例えば、連続テレビドラマ『ダーク・シャドウ』では、ヴァンパイアであるバーナバス・コリンズは美しい少女の首に歯をくいこませ、その透けそうなほど薄い白いドレスに赤い痕跡を残すことなく血を吸った。反対に、ブラム・ストーカーは食事を終えたあとのドラキュラを、「その唇にはまだ新しい血がこびりつき、唇の端から顎を伝わり首もとまで垂れていた。目の上下についた肉も盛り上がり、あのぎらぎらと燃えるような瞳も以前より飛び出すように見えた」と描写している。

づけられる。例えば月経は、潜在的な性的征服欲を刺激することで、ヴァンパイアにとって二重に魅力的なものになる。

　ヴァンパイアに類する生き物に襲われた人々は、その後、残酷な運命を背負うことになる。多くの場合、血を吸われた犠牲者は落命するが、長患いをした挙げ句に死に至る者もいる。最悪の場合、ヴァンパイアの餌食になった人はアンデッドになる。文学や映画の世界では、ゆがんだ若さのはけ口としてのヴァンピリズムが絶えず存在し、ヴァンパイアが犠牲者に向かって、永遠の命はのろいではなく贈り物だと言い聞かせる行為が描かれる。ホイットリー・ストリーバー著『薔薇の渇き』の主人公ミリアム・ブレイロックもその一例だ。

食べ物の必要性

　ヴァンパイアが血を求めるのは、滋養が必要であり、抑えきれない衝動

があるからだが、食べ物を必要とするほとんどの生き物がそうであるように、手に入りやすいことも要因のひとつだ。1ブロック先のディスコをねらう場合もあれば、伝統的なヴァンパイアのように、食いっぱぐれのない近隣の村、町、都市の住民の血を吸いつくす場合もある。民間伝承では、インドの魔物ブータをはじめ、多くのけだものは死体を常食とするため、墓場や火葬場をうろついている。そのほか、ギリシアのラミアのように子供を殺す悪魔は、新生児や妊婦にねらいを定めて、アンデッドにされた復讐を果たそうとする。一般的なヴァンパイア——すなわち血を吸うことに消極的なヴァンパイアの範ちゅうに入らない者——にとって、血は命であり、どれほど危険が伴おうとも調達せねばならないものだ。現代では、ヴァンパイアが適切に犠牲者を選んで処理すれば、気づかれずに殺害できる可能性が高くなっている。

　単独で行動しようと徒党を組もうと、ヴァンパイアが人間にとって恐ろしい存在であり続けているのは、主に奇異で邪悪で超人間的な特徴をもつせいと言えるだろう。次章では、ヴァンパイアの服装、外見の変化、パワーなど、マニアにとってはたまらない魅力である特徴について検討する。

✛ 第2章 ✛

ヴァンパイアの属性、行動、環境

ヴァンパイアという言葉を耳にしたとき、最初に頭に浮かぶのは、おそらく背が高く、浅黒い肌をしたハンサムな男性の姿ではないだろうか。目は妖しく光り、黒いタキシードに身を包み、優美な外套をはおっている。このイメージは、1931年の名作映画『魔人ドラキュラ』の主演男優ベラ・ルゴシから来たもので、伝統的な洗練されたヴァンパイアの姿を完璧に表現している。一見貴族的で、上流社会に完璧に溶けこんでいるように見える。だが、その名が示すとおり、ヴァンパイアはよみがえった死体、つまり幽鬼の一種で、墓から起き上がり、鋭く長い犬歯を使って生きた人間の血をすすり、その肉を食べる。民間伝承に出てくるヴァンパイアは、映画でドラキュラ伯爵を演じたクリストファー・リーのように紳士的でもなければ、アン・ライスが描くヴァンパイアのように華やかで優美でもない。彼らはおぞましい化け物であり、映画『ナイト・オブ・ザ・リビングデッド』のゾンビや『30デイズ・ナイト』の獰猛なヴァンパイアの方が近い。

　種として見た場合、その能力、知性、自衛本能は称賛に値する。だが、人間が彼らに心を惹かれるのは、トラに魅力を感じるのと同じようなものだ。つまり、檻の外から鑑賞するのが一番なのだ。

牙、棺<ruby>（ひつぎ）</ruby>、邪悪な習慣

　ヴァンパイアのイメージは、その人が見たり読んだりしてきたものによってさまざまだ。例えば、映画や小説に描かれた姿は、民間伝承に出てくるものとは異なるし、逆もまた同様だ。だが、牙、棺、習慣に関する特徴はどれもヴァンパイアには欠かせないもので、その全体像の要素となっている。ヴァンパイアの特徴の多くは、ブラム・ストーカーの傑作小説に描かれている。例えば、眠る、生まれ故郷の土の上で休息する、棺に入る、霧へ姿を変えるというイメージが、ストーカーの『吸血鬼ドラキュラ』ひ登場する。だが、それ以外にも特徴がある。

牙

　ヴァンパイアはどんな容姿をしているか考えたとき、真っ先に思い浮かぶのは、恐ろしく鋭い歯ではないだろうか。機能的な観点から言うと、詰まるところ、牙は大部分のヴァンパイアが、食べ物を体内に取りこむために使う器官だ。本来、ヴァンパイアの牙は長く鋭い犬歯だが、むき出しになると、実に身の毛がよだつほど残忍な、生き残りのための道具になる。人間の首を咬むという行為は、象徴的な意味においてきわめてエロティックで、ヴァンパイアが性犯罪者として描かれるのも当然と言える。

　興味深いことに、民間伝承に出てくるヴァンパイアのなかには、牙を持たないものも多い。その代わり、多くの神や怪物が舌を使って放血を行う。研究者のなかには、牙は民間伝承が語り継がれるなかで、ヴァンパイアや人狼が混ざり合った結果だという説を唱える者もいる。

　1931年のベラ・ルゴシ主演の『魔人ドラキュラ』や、1922年の無声映

ヴァンパイアの娘

ヴァンパイアを主人公にした小説で、牙が現れる場面をリアルに描いた数少ない著者のひとりがメアリジャニス・デヴィッドスンだ。ヴァンパイアの女王（で頭が空っぽの）ベッツィ・テイラーを主人公にした人気シリーズでは、ヴァンパイアが血に飢えると牙が現れるという設定になっている。あいにくなことに、ベッツィはこの状態になると、舌っ足らずなしゃべり方になってしまう。

画『吸血鬼ノスフェラトゥ』のような初期の映画には、ヴァンパイアが犠牲者の首に咬みつく場面はない。それに対し、ハマー・フィルム・プロダクションズ製作『吸血鬼ドラキュラ』では、ちゅうちょなくクリストファー・リーの長い牙を大胆に画面に映し出した。数十年にわたって、文学でも映画でも、ヴァンパイアはさまざまなサイズの牙を犠牲者の首に突き立て、針で刺したような穴からソフトボール大の穴まで傷を残してきた。ストーカーはドラキュラを「特別に鋭い、白い歯」を持つ者として描き、小説の後半ではルーシー・ウェステンラが初めてヴァンパイアに襲われる場面で、ミナにその咬み跡を「針で突いたような2つの小さな赤い点」と描写させている。実際、その傷が小さかったために、気の毒なミナは、ルーシーの首に巻いたショールを安全ピンで留めようとしたときに、自分が付けてしまったものと思いこんだ。

　ジェームズ・マルコム・ライマーが1847年に書いた小説『吸血鬼ヴァーニー（Varney the Vampyre）』では、悪霊は「見るも恐ろしい歯——野生の動物のような猛々しく真っ白い、牙のような歯」を持つと描写されている。多くの現代のヴァンパイア映画では、モンスターはさまざまな大きさ

現代における牙

現代のヴァンパイアと自称する者や血液フェティシズムを追求する者は、儀式の一環として牙をつけることがある。また、自分の歯を削って牙のようにしてみたり、高額な歯科治療を受けうな差し歯をしたりする者もいる。このような病的な好奇心からの治療には、当然ながら歯科保険は適用されない。

の殺傷能力のある牙を持っている。2002年の映画『ブレイド2』では、ヴァンパイア・ウイルスに感染した者は「リーパーズ」になり、生きている人間とアンデッドの両方から無差別に血を吸うようになる。リーダー格のヴァンパイアは、1922年の『吸血鬼ノスフェラトゥ』でマックス・シュレックが演じたネズミのようなオルロック伯爵を、さらに進化させたものになっている。

爪

オルロック伯爵は、映画のスクリーンに最初に登場したヴァンパイアだった。彼の爪は意図的に、異常なまでに長く、恐ろしげに描写されている。B級映画のヴァンパイアは長く恐ろしげな爪をもっているが、それ以外では、ほとんどのヴァンパイアはよく手入れされた長い爪をしている。ストーカー著『吸血鬼ドラキュラ』で、弁護士のジョナサン・ハーカーはドラキュラ伯爵の爪について、最初見たときは「白く、か弱」いと思ったが、近づいてみると、「ごつごつとして大きく、野太い指をしているのがわかった。妙なことに、手のひらの中央に毛が生えていた。爪は長く艶や

かで、鋭く尖るように切り揃えられていた」と述べている。アン・ライスの超自然的な生き物は、ガラスのように透明な爪をもっている。

死者を外に出せ！

　中世の黒死病の流行期には、死者を荷車で運びながらこう叫んだと言われている。埋葬習慣に関しては、石器人が地上を歩いていた時代から、風習も技術も進化した。初期の埋葬法では、今日のような形では棺は使われていなかった。死者を自然のなかに放置したり、洞窟のなかに安置したり、岩の下へ埋めたり、火をつけたり、あるいは埋葬布で巻いただけで浅い墓所に埋めたりした。当然、このように放置された死体は、ヒンドゥー

背の高い窓のすぐ外の窓棚に、長身の人物が立っている。窓ガラスに爪を打ちつけ、雹はもう止んだのに、それによく似た音を立てている。美しい少女は恐怖のあまり、手足がすくんで動けなくなってしまった。ひと声悲鳴を上げるのが精一杯だった。両手を握りしめ、顔は真っ青になり、心臓は激しく打っていまにも体から飛び出しそうだ。見開いた目を窓に釘付けにしたまま、少女は恐怖で凍りついていた。爪を窓に打ちつけるカタカタという音は続いている。

——ジェームズ・マルコム・ライマー『吸血鬼ヴァーニー』

教の鬼神で埋葬地をうろついて死体にとりつくヴェータラのような、民間伝承のヴァンパイアの攻撃にさらされることになった。死体を箱状のものに入れるという習慣は、死者に悪さをするものから守るという意図があったというのが通説だ。この考え方が進化して墓地、霊廟、火葬場となったのは間違いないだろう。

棺

　私たちが知っている伝統的な棺は、1600年代に考案されたと言われている。最初はただの木の箱だったが、その後金銭的に余裕のある人々のために、徐々に装飾を施された棺へと変化し、19世紀後半にはそれが一般的になった。ブラム・ストーカーは、棺を生まれ故郷の土で満たし、ドラキュラの安息の場所、つまり寝床とした。後の作家もストーカーの考えに追随した。

　こうした特殊な眠りの場所を求めた結果、ヴァンパイアは移動に合わせて棺を自由に持ち運ぶこともできなくなった。このことは初期のヴァンパイア小説や映画でも明らかだ。棺が簡単に持ち運べるベッドではないためか、現代の作家や映画監督のなかには、ヴァンパイアの物語のなかで棺の使用方法を変更したり、省略したりする者さえいる。例えば、アン・ライスが描くヴァンパイアは、棺を必要としない。棺を使うこともあるが、それは本来の使用目的ではなく、見せかけのためだ。その代わり、彼らは穴蔵や地下室のような暗くて静かな寝場所を求めた。また、『ヴァンパイア・レスタト』でレスタトが1929年から1984年まで長い眠りに入り、目覚めてからロックスターとして人気者になったように、場合によっては数世紀も姿を隠せる場所を求める場合もある。同様に、ホイットリー・ストリーバーの1981年の小説『薔薇の渇き』に登場するヴァンパイアは、日光に嫌悪感を示さないため、普通のベッドで心地よさげに眠っている。

棺から出現

　ヴァンパイアの熱狂的ファンにとって、映画『吸血鬼ノスフェラトゥ』の、船舶デメテル号に載せたネズミがはびこる、土で満たされた棺からオルロック伯爵が出現する、不気味だがいささか滑稽な場面は忘れられないものだろう。硬直していたヴァンパイアが、一瞬のすばやい動きで棺から起き上がる——まばたきしない狂気のマネキンが地獄の底からよみがえったのだ。

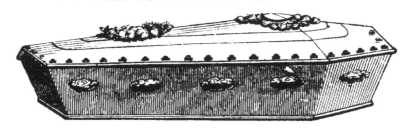

生まれ故郷の土と眠り

　睡眠に関しては、一般にヴァンパイアは私たち普通の人間と同様に眠るとされており、それは一貫してヴァンパイアの数少ない弱みのひとつだ。唯一の違いは、ヴァンパイアの眠りは昏睡に近いことだが、それが民間伝承に出てくるか、小説あるいは映画に出てくるかによって、覚醒の度合いはさまざまだ。ただし、睡眠中に招かれざる侵入者がやってきたときに、身を守れる程度には覚醒している。『吸血鬼ドラキュラ』でストーカーは、ジョナサン・ハーカーがドラキュラ城に侵入したときのドラキュラの眠りの様子について以下のように書いている。

全部で五十ほどある大きな木箱のひとつのなか、掘り返された土の上に伯爵が身を横たえているではないか！　眠っているのか死んでいるのか、僕には分からなかった。目を見開いたままぴくりとも動かないというのに、死者のように冷えた感じもしなければ、蒼白な顔にも生気は漂っており、いつものとおり唇もまっ赤だったのである。だが、動き出す気配もなく、脈も打っておらず、呼吸もしていなければ、心臓も動いていないのだ。
　　　　──ブラム・ストーカー『吸血鬼ドラキュラ』（田内志文訳より）

　ヴァンパイアが睡眠を必要とするのは、若さを保つため、そしておそらくは、液体のランチを完全に消化するための穏やかな休息の時間としてだろう。上記に続く場面では、ハーカーが棺のなかで眠っているの伯爵をシャベルで叩こうとすると、伯爵の半分開いた目がハーカーを捉える。若者はそのまなざしにおじけづき、ヴァンパイアの額に傷をつけただけだった。この場面はヴァンパイアが睡眠中もある程度覚醒しているというコンセプトと、おそらくは一種の催眠状態であることの裏付けになっている。

生まれ故郷の土

　ドラキュラをはじめとするヴァンパイアは、生まれ故郷の土の上で眠るという決まりになっている。ドラキュラはトランシルヴァニアに深いルーツと、その歴史とのつながりがあるため、これは重要なことだった。だがこれは、ドラキュラのようなルーツをもたない多くのヴァンパイアの特徴でもあるようだ。一方でヴァンパイアは、キリスト教会によって祝福された土地、すなわち聖域には足を踏み入れることができない。
　初期の小説に登場するヴァンパイアは、生まれ故郷の土という概念を使っているものが多いが、そうでないものもある。ジェームズ・マルコム・ライマーのヴァンパイア、ヴァーニーや、ジョン・ポリドーリのルスヴン卿、アン・ライスのレスタトとその仲間も、棺や生まれ故郷の土を必

要としない。ストーカーは、ヴァン・ヘルシング教授が利用できるように、ドラキュラの弱みをつくり出したのだ。ヴァン・ヘルシングは、土の入った50個の箱のどれかにドラキュラ伯爵が眠っているから、それを見つけて、その箱に聖餅（ホスチア）を入れて、ドラキュラの生まれ故郷の土を「汚せ」ばいいと知り、仲間を集め、ドラキュラを探しに出かけた。

　民間伝承のヴァンパイアのなかには生まれ故郷の土を必要とするものもいるが、自在に姿を変えることができるほとんどのヴァンパイアは、土のなかに掘った穴を通って簡単に墓を出入りする。ほとんどの場合、現代のヴァンパイアは生まれ故郷の土という制約に縛られていない。

催眠術のパワー

　ヴァンパイアの特徴のなかでも、最も狡猾で非難されることが多いもののひとつが、犠牲者を催眠術にかけて、テレパシー的なつながりをつくり出してしまう能力だ。ヴァンパイアにじっと見つめられると、たいていの

土との接触

作家のチェルシー・クィン・ヤーブロが、その歴史ホラー小説シリーズにおいて、ヴァンパイアもののロマンス小説に大革命を起こしたのは多くの人が認めるところだ。彼女の小説では、ヴァンパイアの主人公サンジェルマン伯爵やその子分は、自分のルーツと接触を保つ異色の方法を考え出す。彼らは生まれ故郷の土のなかで眠るのではなく、靴のかかとの部分に秘密の隠し場所をつくり、そこに生まれ故郷の土を入れている。

きみの目には私たちはどのように映っているか？
美しいか？　魔物のように見えるか？　白い肌、
燃えるような目？　「飲め」ときみは言うが、飲
んだらどうなるか、わかっているのか？

——映画『インタビュー・ウィズ・ヴァンパイア』
ルイのせりふ

犠牲者は言いなりになって惜しみなく自分を差し出し、魔物は陰惨な贈り物を手に入れる。実のところ、これは賢明な戦法だ。興味深いことに、吸血コウモリは攻撃の際に、これと似た戦法を効果的に使う。このコウモリは歩行ができるので、獲物に忍び寄り、身動きできなくしておいてから、最も近くにある血管を攻撃し、その長い舌を使って血をすするのだ。

　ヴァンパイアの催眠術の利点は明らかだ。相手を思い通りに操ることができたら、食べ物の調達は格段にたやすくなる。反抗的な獲物でも、ヴァンパイアが催眠術をかけると、ほとんど抵抗しなくなる。この操縦法を使って、ヴァンパイアは楽々と社会のなかを動きまわり、旅をし、生活環境を整え、たいていの場合はほしいものは何でも、最低限の努力で手に入れることができる。

物質を超える精神

　人を催眠状態に陥らせるプロセスは、1700年代後半に、フランツ・アントン・メスメルによって最初に世の中に知られるようになった。催眠術（ヒプノティズム）という言葉は、ギリシア神話に登場する眠りの神ヒュプノスに由来する。

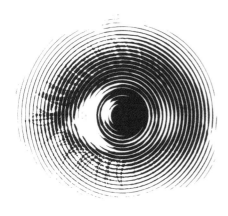

ブラム・ストーカーが『吸血鬼ドラキュラ』を書いたとき、催眠術という技術について知っていたはずで、ストーカーは小説に利用している。ドラキュラが自分の胸の血でミナに洗礼を施す場面で、ヘルシング教授は「ジョナサン・ハーカーはあの吸血鬼の力で気を失っている」と言っている。しかし、実際に吸血鬼と心がつながったのは「血の洗礼」を受けたミナで、のちにヴァン・ヘルシング教授（彼もセワード院長と同じく「脳の研究者」である）はミナに催眠術をかけ、ドラキュラとのテレパシー的なつながりを使って、ドラキュラが船で故郷に戻ろうとしていることを知る。

超人的な力

　ヴァンパイアは物理的存在として、実に恐ろしいものだ。超人的な力、身体の敏しょう性、鋭い視覚、強化された嗅覚、極めて鋭い聴覚、催眠術の能力、それに変身する能力もある。小説のなかで、ヴァンパイアは空を飛び、空中浮揚し、透明人間になり、タイムトラベルをし、火をおこし、念力やテレパシーを使い、自己治癒を行い、とてつもない速度で移動し、魔法をかけ、日光に耐え、自然発火を起こすことさえある。

身体能力

　ほとんどのヴァンパイアに共通する特徴は、とてつもない敏しょう性を伴った超人的なパワーだ。結局、こうした能力を必要とするのは、獲物をねじ伏せ、攻撃者と戦い、捕まらずに逃げるためだ。例えば、ハマー・フィルム・プロダクションズの映画『吸血鬼ドラキュラ』では、クリス

トファー・リーが攻撃者を、男性10人分に匹敵する力で部屋の向こうまで投げ飛ばすシーンが何度も出てくる。もっと最近のヴァンパイア、例えば、『ブレイド』に登場するヴァンパイアたちや、『ウルトラヴァイオレット』のヴァイオレット、『アンダーワールド』のセリーンとその同類たちは、別次元の力だけでなく、映画『マトリックス』で見たようなジャンプや曲芸のような動きで、縦横無尽に動きまわっている。ヴァンパイアのなかには短時間なら日の当たる場所で過ごせる者もいるが、こうしたパワーは大幅に減少する。ストーカーのドラキュラもスパイダーマンのように壁をよじ登ることができるが、この伝統は1992年の『ドラキュラ』で、主演のゲイリー・オールドマンによって引き継がれた。ロマンス小説作家リンダ・ラエル・ミラーが描くヴァンパイアは、意のままにタイムトラベルができるが、アン・ライスの小説に登場する古代のヴァンパイアは、強力なパワーに加えて空を飛ぶ能力も併せ持っていて、アカーシャやマハレット、マリウスたちの場合は、物や人を燃やす能力を持っている。

霧

1931年の映画『魔人ドラキュラ』では、ミナが夫のジョン・ハーカー

視力、嗅覚、聴力

伝統的なヴァンパイアが日光をひどく嫌う夜の生き物であるなら、暗闇では普通の人間と比べてはるかに優れた視力があるのもうなずける。これはコウモリやオオカミが鋭い視覚を持っていることと関連があるという人もいる。それに加えて、多くのヴァンパイアは鋭い嗅覚や聴力も併せ持っている。

に、自分が見た恐ろしい夢について話す場面がある。「部屋中に霧が立ちこめているようだった。霧はとても深くて、ベッドのそばのランプが、もやのなかの小さな火花のように見えた。そのとき、赤い目が私を見つめていて、霧のなかから青白い顔が現れたの」。同じ映画で、レンフィールドも同様の体験を語っている。「赤い霧が芝生の上に広がっていて、炎のようだった。すると、霧の間から彼が姿を現した。そして、彼の目を小さくしただけの、同じような赤い目をギラつかせたネズミが何千匹もいた」。このふたつの場面は、ドラキュラには霧に変身する能力があるという明白なコンセプトを鮮やかに描いている。この能力は、私たちには相手の正体が見えないという、気力が萎えるような恐怖を与える。霧のなかに何が身を潜めているか、知るすべもない。さらに悪いことに、霧はいともたやすく、ドアの下をくぐり抜けたり、小さな割れ目や隙間から忍びこんだりできるのだ。

　邪悪なものがやってくる前触れとして霧を使うという手法は、文学でも、多くの映画でも使われてきた。ストーカーの『吸血鬼ドラキュラ』では、ドラキュラを乗せた幽霊船のようなデメテル号が霧に包まれて現れると、ヴァン・ヘルシング教授は「漂着船の勇気ある船長の示してくれた通

健康のための血

　吸血人間（sanguinarian）という言葉は、「血色のいい、血紅
色の、血に飢えた」という意味のラテン語 sanguineus に由来し、
健康維持のために血を摂取する必要があると信じている人間を指
す。サンギナリアンであるヴァンパイアは、血を摂取する代替ライ
フスタイルのサブカルチャーに属すると言える。

25

り、自ら生み出した霧に紛れて行動するらしいが、これまでの情報から判断するに、どうやら自分の身のまわりにしか霧を発生させることはできんようだな」と断言した。『吸血鬼ドラキュラ』で最も霧に悩まされたのはミナだ。セワード院長の家にかくまわれている間、ミナは、夢を見ているようだと思っている間に、白い霧が「やっと知覚できるほどのゆっくりさで」家のなかに忍びこんできて、部屋に入ってきた渦巻く霧は、光で雲のような柱を形づくり、「霧を通して赤い2つの目のように私に向かって光った」ことに気づいた。ミナにとって不幸なことに、悪霊が霧となって現れたのはそれが最後ではなかった。

　ストーカーが霧をドラキュラの能力のひとつとして多用しているのは間違いないが、このアイデアの発案者はストーカーではない。民間伝承や伝説に出てくる魔物は追跡されて、墓標や永眠の地の異様な特徴によって突き止められることが多い。埋葬地の周囲に小さな穴が見つかると、ヴァンパイアの兆候ではないかと疑われることもあった。邪悪な魔物が霧に変身する手段をもっていて、墓を壊すことなく自由に出入りできる証拠と考えられたのだ。

天候を変える

　歴史を通して、多くの迷信や儀式の基盤は、天候の支配や予想にあった。ヴァンパイアに関しては、天候の支配は迷信とはほとんど関連がない。実際のところ、おそらくストーカーは迷信を研究しており、それに基づいてドラキュラには天候を変える能力があるというコンセプトを生み出したのだろう。この能力は、フランシス・フォード・コッポラ監督の1992年の映画『ドラキュラ』をはじめ、多くのヴァンパイア映画で使われている。

名前の由来

　トランシルヴァニアを調査したブラム・ストーカーが、ヴラド2世（通称ドラクル）とその息子ヴラド・ツェペシュ（ツェペシュは「串刺し」の意）から「ドラキュラ」という名前を思いついたというのが論理性のある仮説とされている。「ドラゴン」を意味するドラクルは、空を飛べる超自然的な架空の生き物を表すのにふさわしい。また、主要な登場人物のヴァン・ヘルシングの名前がエイブラハムで、その短縮形が著者の名前ブラムと同じであるのも、偶然の一致というにはできすぎている。ちょっとしたトリックだが、Alucard（Draculaを逆さまにつづったもの）という言葉も、数多くの機会に使われてきた。ロン・チェイニー・ジュニア主演の1943年の映画『夜の悪魔』や、『ドラキュラ '72』、アニメの『Hellsing（ヘルシング）』3部作にも使われている。小説家ジョゼフ・シェリダン・レ・ファニュは、同様のトリックをレズビアンの吸血鬼の少女カーミラに用いている。カーミラは1世紀も前に死んだマーカラ・カルンスタイン伯爵夫人と同一人物という設定になっている。

住まいについて

　ヴァンパイアとしてうまくやっていくには、研ぎ澄まされた生存本能が必要だ。住居に関しては、人間に適用できる原則は、ヴァンパイアにも適用できる。何と言っても重要なのは場所だ。その上で、信頼できる使用人がいて、生まれ故郷の土が詰まった棺または木箱が置かれた相応の住まい、それに、最高級の防犯システムが完備されていれば言うことはない。もちろん、このようなぜいたくな設備は富裕層のヴァンパイアのためのものだ。平均的なヴァンパイアやよく引っ越しをするヴァンパイア、それに緊急の場合は、うす気味悪い埋葬用の地下室、霊廟、共同墓地、廃墟でよしとするしかない。例えば、カナダのテレビシリーズ『フォーエバー・ナ

イト』では、刑事のニック・ナイトは家から離れた場所で夜明けが近づく
と、車のトランクに身を隠す。

使用人とセキュリティ

『吸血鬼ドラキュラ』では、精神病患者のレンフィールドがドラキュラの
しもべとなり、ドラキュラによって精神を支配される。ドラキュラがイギ
リスに到着したとき、レンフィールドは「あれがやってくる！」とつぶや
く。『吸血鬼ドラキュラ』の出版から数十年間、レンフィールドという登
場人物は、軽視されたり、重要視されたりの繰り返しだった。映画によっ
ては、ドラキュラ城へ旅をするのはハーカーではなくレンフィールドで、
ドラキュラのしもべとなってデメテル号でドラキュラをロンドンへ連れて
くる。

　しもべが主人のヴァンパイアとしての特徴——一般的な食事を食べない
ことと昼間に眠ることはその最たるものだが——に気づかずにいることは
難しいので、ヴァンパイアとしては、何もかも承知している使用人がそば

棺のなかの旅

ほとんどの小説や映画では、吸血鬼ドラキュラのしもべは旅の手
配をしたり、安全を監視したりし、お腹を空かせた吸血鬼が張っ
た網に不用心な犠牲者を誘いこむ場合もある。言うまでもなく、
伝統的なヴァンパイアにとって旅は多大な不安が伴うものだ。ドラ
キュラも含め多くのヴァンパイアは、苦手とする水によって、ある
いは生まれ故郷の土が手元にないことによって悩まされることにな
る。

にいるほうが望ましい。もちろん、ヴァンパイアは
しもべをつねに催眠状態にしておくこともできる
し、ときにはゾンビ状態を保つためにしもべの血
を間食にすることもある。

　小説でも映画でも、ヴァンパイアにはそ
の本性を知っている人間の知り合いがいるこ
とが多い。ステファニー・メイヤーのヤングアダ
ルト小説をはじめ、ヴァンパイアが登場するロマン
ス小説のほとんどは、人間とヴァンパイアの恋愛を描いてい
る。『フォーエバー・ナイト』では、刑事ニックの検視官の友人ナタリー
は内情に通じているが、ニックのふたり目の相棒トレーシーは彼がアン
デッドだとは知らない。皮肉なことに、彼女はニックのヴァンパイア仲間
のひとりと恋仲で、彼がヴァンパイアであることは承知している。メアリ
ジャニス・デヴィッドスンの描くヴァンパイアの女王ベッツィ・テイラー
は、数人の人間の友人とひとつ屋根の下で暮らしているが、彼らは同居人
が血を飲むことを知らない。小説や映画の観点からは、２つの種族が入り
混じることから生まれる複雑さや恋愛模様によって、ストーリー展開はさ
らに面白くなるが、その結末はというと、めでたしめでたしで終わること
もあれば、さらに多くの血が流されることもある。

ヴァンパイアにふさわしい服装

　ほとんどの人は、「ヴァンパイア」と聞くとドラキュラの服装を思い浮
かべる。すなわち黒のタキシードまたは燕尾服に長いマントを身につけ、
ときおりマントが翻ると、赤い裏地が見えるというものだ。このイメージ
が定着したのは、アイルランドの劇作家ハミルトン・ディーンが、1924
年にストーカーの小説を脚色して上演した舞台による。このイメージは多
くの映画に受けつがれ、中でもベラ・ルゴシの『魔人ドラキュラ』は無視

できない。称号が伯爵であれ大公であれ、その服装は貴族というドラキュラ——小説や映画に出てくる他のヴァンパイアも同様だが——の身分にふさわしいものになっている。

悪魔のファッション

文学、特に歴史ホラーやヴァンパイアもののロマンス小説においては、サンジェルマン伯爵からレスタトまで、インテリのアンデッドの捕食者が一般人に溶けこむためにそうしているように、ヴァンパイアはその時代に合った服装をするという傾向が続いている。それでも、時流に乗るのを拒むヴァンパイアもいる。例えば、アン・ライスの小説の登場人物マリウス

 吸血蛾

吸血コウモリに嫌悪感を覚える人に、もうひとつおぞましい生き物を紹介しよう。それは「吸血蛾」として知られている蛾の一種で、学名 Calyptra thalictri だ。嘘ではない。この蛾は人間を咬み、その血で胃袋を満たし、咬まれた跡は腫れて痛みが残る。この現存する吸血捕食動物を追い払うには、電気虫取り器が有効かもしれない。

は、どの時代でも鮮やかなベルベットの上着を身につけている。ヴァンパイアが特殊な服装をする傾向が見られるのは映画だ。『アンダーワールド』のケイト・ベッキンセール演じるセリーンは、体に密着したブラックレザーのユニタードを着たセクシーなヴァンパイアで、長いコートをマントのようにひるがえす。『ウルトラヴァイオレット』のミラ・ジョヴォヴィッチは、さっと着替えられる薄い衣装と、テレビドラマ・シリーズ『エイリアス』のシドニー・ブリストウを思わせる髪の色という漫画から抜け出したような姿で正義を行う。ヴァン・ヘルシング教授でさえ、ファッションを抵抗なく受け入れた。2004年の映画『ヴァン・ヘルシング』では、熱血漢の主人公を演じたヒュー・ジャックマンが、黒いテンガロンハットと長いブラックレザーの上着にダスターコートという、西部劇のヒーローを思い起こさせるような衣装を粋に着こなしている。

マントの謎

　血を滴らせてギラリと光る牙は別として、ヴァンパイアの最もわかりやすい特徴と言えばマントだろう。通常は長く、ずっしりした質感の黒いマントで、赤い裏地がついている場合もある。マントはコウモリを表現する上で、きわめて象徴的だ。前に述べたように、ドラキュラの人物像にマントが加わったのは劇作家ハミルトン・ディーンの発案で、彼はマントを着て紳士然とした悪魔が舞台に登場したなら、大きなインパクトを与えられると考えたのだろう。その予測は的中し、マントはドラキュラ伝説を象徴する要素となった。その長い布があることでドラキュラの動きはスムーズになり、マントを顔や頭の上に引き上げて身を隠し、影にまぎれこむというヴァンパイア特有のポーズが生まれた。このめざましいコンセプトは、ベラ・ルゴシによる1927年の舞台と1931年の映画によって、さらに不動のものとなった。

動物的本能

　民間伝承に出てくるヴァンパイアやヴァンパイア的な魔物は、明らかに人間、ゾンビ、動物、さまざまな交配種や突然変異種を合体させたものだ。さまざまな意味において、民間伝承の魔物は、人間から変化したヴァンパイアより概念からして原始的で、獲物を狩ったり殺したりする方法も明らかに動物的だ。ヴァンパイアはしばしば、ネコ、イヌ、鳥、さまざまな昆虫など、多くの動物と関連づけられるが、最も一般的なのはコウモリとオオカミだ。そして、多くの動物はヴァンパイアになることができるが、コウモリとオオカミはヴァンパイアと戦う相手としても使われている。カラス、オオカミ、それに馬も、墓場のヴァンパイアが眠っている場所を突きとめるために使われている。

吸血コウモリ

　吸血コウモリが伝説のヴァンパイアと関連づけられているのは大きな謎だ。だが幸いなことに、それには立派な理由がある。吸血コウモリには３種類ある。ナミチスイコウモリ（学名 Desmodus rotundus）、ケアシチスイコウモリ（学名 Diphylla ecaudata）、シロチスイコウモリ（学名 Diaemus youngi）だ。主に中南米とアメリカ合衆国南部のいくつかの地域に生息している。吸血コウモリは体は小さいが、容貌はまことに恐ろしく、餌を得るのに役立っている。直立姿勢をとり、目は大きく、極めて鋭い歯をもち、下唇には裂け目がある。「催眠術のパワー」の項で述べたように、吸血コウモリは実際にヴァンパイアと似たような戦法で血を吸う。つまり、地面に降りて血を吸うのだが、血管を襲う前に獲物を催眠状態にし、長い舌で血をなめるようにして摂取する。その唾液には抗凝固成分が含まれているため、満腹になるまで血液を飲みつづけることがで

人狼伝説

人間が人狼に変身するというコンセプトが生まれた要因として、考えられるのは麦角菌だ。麦角菌は一般にライ麦、大麦、小麦などの穀物に寄生し、穀物を感染させる。中世ではこれらの穀物はパンの主要な原料だった。麦角に含まれる物質はけいれん、精神異常、幻覚を引き起こす。専門家の推測は、汚染されたパンを食べたことが、いわゆるオオカミ憑きや、セイラムの魔女裁判（17世紀にマサチューセッツ州セイラムで行われた一連の魔女裁判）のヒステリー状態の原因ではないかというものだ。

きる。ヴァンパイアと同様に、吸血コウモリも血液を摂取しつづけないと、急激に体力が低下する。

　吸血コウモリは何世紀も前から伝説や民間伝承に登場していたが、ブラム・ストーカーが小説に取り上げるまでは、その存在はあまり知られていなかった。ストーカーは『吸血鬼ドラキュラ』で吸血コウモリを意のままに使い、レンフィールドとルーシー・ウェステンラの部屋の窓にも登場させている。その後1931年のベラ・ルゴシ主演の『魔人ドラキュラ』にも吸血コウモリは登場し、ヴァンパイアを最も明確に象徴するもののひとつになった。

飢えたオオカミ

『吸血鬼ドラキュラ』の第2章で、ジョナサン・ハーカーがドラキュラ城を訪れ、ドラキュラ伯爵とともに部屋のなかに座っている場面で、オオカミの遠吠えが聞こえてくる。「ほら、お聞きなさい」と伯爵がつぶやく。「夜

私は人狼もヴァンパイアも幽霊ホテルも怖くない。生身の人間が、同じ生身の人間に対して行う仕打ちの方がよほど怖い。

——ウォルター・ジョン・ウィリアムズ、アメリカの作家

の子らが騒いでおる。何とも聞きほれるような音楽ではないか！」。ドラキュラのオオカミに対するほとんど上機嫌と言っていい反応は、民間伝承に描かれた獣に対する魔物なりの敬意の表れだが、一方で彼自身がオオカミに変身できることをほのめかしてもいる。

　ヴァンパイアとライカンスロープ（人狼）は、魔女と同様に、民間伝承、小説、それにもちろん映画でも関連づけられている。変身能力を得るための苦痛に耐える捕食者として、ヴァンパイアも人狼も、生き残りを求める中で同じような衝動と闘ってきた。結局、彼らは生きるために狩りをしなければならない獣なのだ。ギリシアのヴァンパイアであるヴリコラカスは、ルーマニアではオオカミとされている。歴史を通して、人狼に関しても多くの文献が残っている。

　次は、世界のさまざまな地域で見られるヴァンパイアの特徴に移ろう。

Part

2

VAMPIRES FROM
AROUND THE WORLD

世界の
ヴァンパイアの

＋第3章＋

ギリシアとスラヴの
ヴァンパイア

人類の文化において、最初のヴァンパイアの兆候を探す
と、古代ギリシアとスラヴ系民族の文化へ目を向けること
になる。彼らは中央ヨーロッパの山脈を越えて移動し、伝
説を国外へ広めた。

ギリシアのヴァンパイア

　ギリシア神話に登場する神々のことはほとんどの人が知っているが、
ヨーロッパの民間伝承に登場するヴァンパイアの祖先となる存在を生み出
したのは、ギリシア神話の神々だということはあまり知られていない。
ヴァンパイア愛好家にとっては驚くほどのことではないが、歴史上最古の
精気を吸いとる悪魔のひとりを生み出したのは、他ならぬギリシア神話の
最高神ゼウスであり、しかも、妻以外の女性との不倫の結果なのだ。

ラミア

　喜劇作家アリストパネスや哲学者アリストテレスの文献も含め、古代ギリシア人の著述や伝説には、全能の神ゼウスと、リビュアの女王ラミアとの不義の恋愛の物語が記されている。ラミアについては、海の神ポセイドンの娘、あるいはポセイドンの息子ベーロスの娘などさまざまな説がある。この神の浮気はゼウスの嫉妬深い妻ヘラの呪いを招いた。ヘラは不幸な娘ラミアが生んだゼウスの子供をすべてさらって殺し、子供を亡くしたラミアを追放した。

　悲嘆にくれつつも、自分を不幸のどん底に突き落とした神に復讐ができないラミアは、人間の母親から子供を盗んでその精気を吸いとることで、人間に対して復讐を遂げようとした。その後の伝説では、ラミア（Lamia）は上半身は人間の女性、下半身は蛇の姿になり、魔物の群れに身を投じた。この姿をした子供の血を吸う魔物はラミアー（Lamiae）と呼ばれた。ラミアーはその恐ろしい容姿を自在に変えて若者を誘惑し、破滅や死に追いやるとされている。

古代の血を吸う者

　ギリシア神話の信仰について論じるとき、古代ギリシア人にとって、こうした「伝説」はフィクションでもファンタジーでもないということを覚えておくべきだ。私たち現代人は科学や教育、それに健全な懐疑論の恩恵を受けている。その現代人が自分で選択した信仰や神を信じているのと同じくらい、ギリシア人は、古代エジプト人と同様に、神の存在と神が超自然的な力によって人類を創造したことを信じていた。

ハーバート・ジェームズ・ドレイパー『ラミア』(1909年)

誰もがヴァンパイアの物語に気を引かれるのは、本当に存在しているかもしれないと思えるからだろう。

——ビル・ナイ、イギリスの俳優

エンプーサとモルモー

　ギリシア神話には、現在では忘れられたマイナーな神も登場するが、そのなかにエンプーサとモルモーがいる。エンプーサ（これはおそらく「1本足の」の意）は姿を変えることができ、特に若い男性の血を飲む。つまり、サキュバスの一種だ。初期の神話では、エンプーサは冥界の女神ヘカテの娘とされていたが、のちには不用心な旅人を餌食にする一般的な怪物として描かれている。

　モルモーも同様の起源をもつが、悪い子供にかみつくとされたため、幼児向けのギリシア神話ではそういう役どころでしばしば登場する。

クレタ島の羊飼いとヴァンパイア

　以下の物語は、チャールズ・ディケンズ・ジュニア（著名な作家の息子）が1871年に『一年中（All the Year Round）』という雑誌に掲載したものだ。

　　　パシュリー氏は、クレタ島への旅で Askylo の町を訪れたとき、
　　ヴァンパイア（クレタ島の住民は katakhanadhes と呼んでいる）につ

いて住民に尋ねたら、彼がそれまでに何度も耳にしていたその存在と行動が、農民によって間違いなく裏付けられたと述べている。物語の多くはひとつの重要な事実に集中していて、パシュリー氏はこれがそれ以外のすべての物語の起源になっていると考えている。

　あるとき、クレタ島のカリクラティス村にあるセント・ジョージ教会に、多少は名を知られた男性が埋葬され、その墓の上にはアーチ状の天蓋(てんがい)が作られた。だが、その後まもなく彼はヴァンパイアとなって姿を現し、村を襲って男性や子供を殺した。

　ある日ひとりの羊飼いが、教会の近くで羊と山羊を放牧しているときににわか雨に遭い、雨を避けるために墓の天蓋の下に逃げこんだ。そこで一晩過ごすことに決め、眠るために両手を体の脇に置いて石の上に横になった。2丁の銃を下に下ろすと（田園詩に出てくるような穏やかな羊飼いなら銃を持ったりしないだろうが、このクレタ人はそうではなかった）、たまたま銃が交差した形になった。

　さて、この十字の形は、ヴァンパイアの出現を防ぐ効果があると信じられている。その結果、世にも奇妙な言い合いが起きた。ヴァンパイアが闇のなかから起き上がり、羊飼いに向かって、重要な仕事があって外へ出なければいけないので、銃をどけてくれと要求したのだ。

　羊飼いはその要求から、これは村で何度も悪さをしている噂のヴァンパイアだと推察し、最初は要求を拒否した。だが、ヴァンパイアが彼を傷つけないと誓ったので、羊飼いは交差した銃を動かした。それで起き上がることができたヴァンパイアは、2マイルほど離れた場所へ出かけ、男女ひとりずつ、ふたりの農民を殺した。村へ戻った羊飼いは、何が起こったかを知った。彼は、自分が見たことを人に話したら、ヴァンパイアは自分を同じ目に遭わせるだろうと悟ったが、勇敢にもすべてを村人に打ち明けた。

　翌朝、神父や何人かの村人たちが墓地へやって来て、死体（昼間は

他の死体と何ら変わりなく横たわっている）を検分すると、それを焼却した。死体が燃えている間に、少量の血が羊飼いの足に飛び散ったが、すぐに色あせた。だが、それ以外に不吉なことは起こらず、ヴァンパイアは完全に滅び去った。これは実に特異なヴァンパイアの物語だ。死体と羊飼いが天蓋の下で冷静に会話をする話など、他で聞いたことがないからだ。それでも、パシュリー氏にこの話を聞かせた人々は、話す人によって多少の相違はあったが、実際にあった話だと固く信じていた。

ヴリコラカス

ギリシアにおいて、ヴァンパイアの特徴を持つ最古の魔物は、神から生まれた存在が織りなす超自然的な世界と直接的に結びついているが、ギリシアがキリスト教に改宗してまもなく、魔物と最近死んだ人間はしばしば同じものを指していることが明らかになった。現代の言葉では、この世に戻ってきた死者を亡霊と呼ぶが、ギリシアではヴリコラカスと呼ばれてい

ヴァンパイアと人狼

ヴリコラカスという言葉は、バルカン半島南部のスラヴ系民族から入ってきたもので、ギリシア語として一般に使われるようになった。もともとはオオカミの毛皮を着た人間を表す言葉だったが、徐々に変化してオオカミの特徴をもつ魔物を指すようになった。ギリシア人はヴリコラカスという言葉を本質的にヴァンパイアの同類と解釈したが、スラヴ系民族の間では、この言葉はヴァンパイアと同じくらい恐ろしい人狼を表すものとして使われている。

る。ギリシアでも地域によってつづりは異なるが、一般的に、ヴリコラカスは生きている人間に不幸をもたらすためによみがえり、アンデッドの魔物のなかでも最もたちが悪いと考えられている。

　実際のところ、1世紀にはヴリコラカスの存在が広く知られたため、ギリシア正教は民衆の恐怖を和らげ、このさまよえる魔物のしわざと疑われる悪行の解決策を提供するために、この問題に取り組まざるをえなくなった。教会が、死んでからよみがえった者の多くは、聖職者による慣例通りの儀式を受ける前に死んだ者だと結論づけたことは大した驚きではないが、そのなかには死産した赤ん坊、罪深い一生を送った者、教会から破門された者、そして、奇妙なことに、聖日に生まれた者も含まれていた。おそらく、聖人のための日を取り合うのは冒とくだということだろう。

エドヴァルド・ムンク『吸血鬼（愛と痛み）』（1895年ごろ）

　教会がヴリコラカス誕生の原因について長々しい説明をしたのは、さまざまな意味において、教会の指図に従わないと、おぞましい成り行きに苦しむことになるという信者に対する厳しい勧告だった。教会が示したヴリコラカスへのありふれた解決法は、疑わしい者の死体を墓から掘り起こし、燃やして灰にすべしというもので、これは何世紀にもわたって、魔物を恐れる民衆をなだめる救済策となった。

スラヴのヴァンパイア

　初期のスラヴ人はあまり歴史を書き残していないが、民間伝承の主要な担い手であり、その民間伝承が最終的に東ヨーロッパへと伝わって、最悪の悪夢を生みだした。スラヴ系民族は、現在ではスロバキア、チェコ共和国、ベラルーシ、ロシア、ウクライナ、ボスニア、ブルガリア、クロアチア、モンテネグロ、セルビアと呼ばれている地域に居住していた。これらの地域から、ヴァンパイア伝説が拡散されていったと考えられる。
　東ヨーロッパのヴァンパイア伝説の特異な点は、スラヴ系のヴァンパイアは、コウモリだけでなくチョウにも変身できるということだ。

ウピルとネラプシ

　スロバキアとチェコの農村部のヴァンパイア伝説の主力はウピルとネラプシで、どちらも最近死んだ人間がよみがえった腐敗した死体を指す。ウピルは特に厄介だと思われている。ウピルは2つの心臓と2つの魂をもつとされ、人間の血を吸うのだが、しばしば犠牲者を押しつぶさんばかりに強く抱きしめて窒息させるからだ。さらに悪いことには、ウピルは死に至る病を広めたり、その邪悪な目で見つめて人を殺すこともできる。1700年代初頭のある報告書によると、現在のチェコ共和国であるボヘミアの村人が、ウピルの疑いがある死体に杭を打ちこむと、そのおぞましい魔物は笑い声を上げ、この棒はうるさい犬を追い払うのに役立つと感謝したとい

ヴァンパイアの呼び名

東ヨーロッパでは、ヴァンパイアは以下のような名前で呼ばれていた。

◆ククッド（アルバニア）

◆ノソフォロス（ギリシア）

◆ランピール、テナツ（モンテネグロ）

◆ヴァンピール（ハンガリー）

◆オピーリ、ヴィピール（ブルガリア）

◆ウブイリ（ロシア）

◆ヴコドラク、プリコサク（クロアチア）

◆ヴァンピール（ゼルビア）

◆ウビル（ウクライナ）

う。驚いた村人は、すぐにその死体を燃やして災難を切り抜けた。

ピジャヴィカ

クロアチアでは、ピジャヴィカと呼ばれる魔物の物語がいくつか存在する。ピジャヴィカは邪悪な一生を送った者や近親相姦で誕生した者の死体から生まれる。他の地域のヴァンパイアと同様にニンニクや火で追い払うことができるが、ピジャヴィカにはワインも効果的だ。棺に入っている間に鉄の杭を心臓に突き刺して仕留めることができる。また、クロアチアからは、男性の血を飲むモーラと呼ばれる女性のヴァンパイアの伝説も生まれている。これらの魔物は、墓場などいかにもそれらしい場所だけでなく、十字路や橋にも姿を現す。

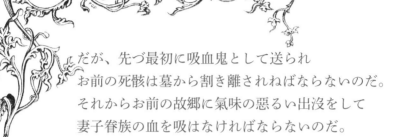

だが、先づ最初に吸血鬼として送られ
お前の死骸は墓から割き離されねばならないのだ。
それからお前の故郷に氣味の惡るい出沒をして
妻子眷族の血を吸はなければならないのだ。

お前の娘の、お前の妹の、お前の妻の
生命の流れを眞夜中に吸ひ干さなければならない
のだ。
是が非でも生きてるお前の青ざめた死骸に
食べさせる馳走に嫌な思ひをしなければならない
のだ。

お前の爲に死ぬものがまだ息のあるうちに
その惡鬼が自分達の父<ruby>父<rt>おや</rt></ruby>だと知るだらう。
呪ひつ呪はれつ瀆神の言葉を取り交はしながら
お前の家族の美しい花は、いづれも立ち枯れに枯
れるのだ。

———ジョージ・ゴードン・バイロン『不信者』（小日向定次郎訳より）

最初のヴァンパイア

1672 年、クロアチアのクリンガの村にヴァンパイアが現れ、村人たちに大変な災難を与えた。そのヴァンパイアはその土地の農民だったが、死んでからよみがえり、仲間の農民の血を吸いはじめた。杭を心臓に突き刺しても仕留めることができず、村人たちはヴァンパイアの息の根を止めるために頭を切り落とさねばならなかった。この事件は 1689 年に、スロベニア人の地理学者ヤネス・ヴァイカルト・ヴァルヴァソルによって記録され、ヨーロッパで初めてヴァンピリズムが文献に記された例となった。現在、町の中央にあるヴァンピール喫茶店で、このヴァンパイアを慰霊する催しが行われている。

ハンガリーのヴァンパイア

　ハンガリーの民間伝承のなかでよく知られているのは、ヴァンピールの伝説だ。ヴァンピールは、生前の健康体だったときの身体的特徴をすべて維持したまま墓からよみがえる。生きている人間としてまったく違和感がないため、ヴァンピールは正体を知られていない地域へ問題なく移動し、日中は目立たないように普通の生活をして、夜になると生きた人間に大惨事をもたらす。ブルガリアの神話には独特な見解がある。それは伝統的な宗教観に基づくもので、死者は死後 40 日間は守護天使とともに生前に縁のあった場所を旅し、その後霊界へ移動する。だが、しきたりに忠実に従った埋葬手続きが行われなかったら、死者はあの世への道を見つけることができず、ヴァンパイアとしてこの世にとどまるというものだ。それ以

ジプシーとヴァンパイア伝説

ジプシーとはロマ（エジプトから来たと言われるがそれは誤解だ）に与えられた名称で、ロマは北インドに起源をもち、ヨーロッパ全域に移住した。遊牧をしながら放浪している間にヴァンパイア伝説を広めることになったが、そのなかには恐ろしい吸血神であるカーリーをはじめ、インドの民間伝承も含まれていた。カーリーはジプシーの間ではサラ、または「黒い女神」と呼ばれていた。ジプシーのヴァンパイアとしてはムロもいるが、これはしきたり通りの埋葬を怠った血縁者の血を吸うために、墓からよみがえってきたものだ。

外にも、生きている間に罪深い行いをしたり、酒に溺れたり、急死あるいは変死を遂げたりした人はヴァンパイアとなって転生する。

ヴァンパイアの骸骨の発掘

2013 年 9 月、ブルガリア南部のペルペリコンの中世の遺跡を発掘していた考古学者が、胸に鉄の杭を打ちこまれた男性の骸骨を発見した。その骸骨は、13 世紀か 14 世紀のものと推定され、歯の間には青銅の硬貨がはさまれていた。杭を打ちこまれたとき、この男性はすでにヴァンパイアだったのか、あるいは家族がヴァンパイアとし

子供のヴァンパイア

　ブルガリアのヴァンパイア伝説にはウーストレルというユニークな存在がおり、土曜日に生まれて洗礼を受ける前に死んだ子供の魂から生まれたとされている。ウーストレルは目に見えない霊で、墓から抜け出して家畜の血を吸い、獲物の角や後ろ脚の後ろに身を隠すと言われている。ウーストレルの伝承によって、はっきりした理由もなく突然羊や牛がいなくなる現象に説明が与えられ、さまざまな形態のヴァンピールの存在が広く信じられるようになった。

てよみがえる可能性を阻止したいと願ったのかは定かではない。その前年には、黒海岸のソゾポルで2体のヴァンパイアの死体が発見され、これは8世紀か9世紀のものとされている。

　歴史家によると、ペルペリコンで発見された男性の死体は黒死病の流行期に死亡したものらしい。黒死病は14世紀にヨーロッパ中を席巻し、人口の3分の1が死亡したと言われている。罹患に伴う体の変化により、死体がまるで生きているように見えたため、ヴァンパイアとしてよみがえらないよう親族が万全の策を取ったのだろう。

ボスニアのランピール

　ボスニアのヴァンパイアはランピールと呼ばれ、当初は疫病の先触れと考えられていた。命にかかわる伝染病の原因や治療法に関する科学的理解がなかったため、最初に罹患して死亡した者に落ち度があったと考えられた。ランピールは恐ろしいほど腐敗し、病み衰えた死体として墓からはい出してくる。唯一の目的は、自分に続いて病気に感染して死ぬ運命の人間

に、病気をうつし、むごい目に遭わせることだ。この地域ではランピール
の疑いがある死体を掘り起こし、燃やすという行為が広く行われていた
が、1878 年にオーストリア人がボスニアの支配権をオスマン帝国から勝
ち取ったあと、新政権はその行為に眉をひそめたという。

ロシアのウピル

　ヨーロッパ中に悪魔的な伝説は数多くあるが、ウピルと呼ばれるロシア
のヴァンパイアは、宗教的敬虔さに反する行為と密接に結びつけられてい
て、異端者の烙印を押された者やロシア正教会の教えに背く者は、ヴァン
ピリズムの第 1 候補とみなされる。ヨーロッパの民間伝承に出てくるほぼ
すべてのヴァンパイアと同様に、ウピルも埋められている状態を嫌がり、
腐敗した遺体からよみがえった存在だ。ヴァンパイア的な行為が記された
最初の文献は、1078 年の規律に従わない司祭に対するもので、ロシアが
キリスト教を受け入れてから 1 世紀ほどのちのことだ。ヴァンパイア伝説
には数世紀にわたって宗教的な意味合いが含まれることになるが、これが
そうした伝説の起源となった。興味深いのは、魔術や妖術——それ自体き
わめて怪しげな行為だが——の使い手もまた、ヴァンパイアになる可能性
があることだ。そこに含まれた意味は、キリスト教会の教えから外れた行
為はすべて恐ろしいヴァンパイアとしての運命をたどるとされているのを
見れば明らかだ。

✢ 第4章 ✢

ルーマニアとドイツの ヴァンパイア

伯爵とは、ずいぶん長く話し込んだ。トランシルヴァニアの歴史についていくつか訊いてみたのだが伯爵はすっかりこれに気をよくしたのか、こちらが驚くほどたっぷりと語り聞かせてくれた。出来事の話、人びとの話、そして特に戦いの話をする伯爵は、まるで目の前でそれを見て来たかのようですらあるのだ。

——ジョナサン・ハーカー
ブラム・ストーカー『吸血鬼ドラキュラ』（田内志文訳より）

ルーマニアのヴァンパイア

スラヴ諸国の民間伝承は、紀元後数世紀に東ヨーロッパの社会が被ったほぼすべての自然災害の原因としてヴァンパイアを登場させたと考えられているが、スラヴ系民族もまた、非スラヴ系近隣諸国の伝説に大きな影響を与えた。その中でも最もよく知られているのは、言うまでもなくルーマニアで、ヨーロッパのヴァンピリズム伝承と密接に結びついている。それは主にブラム・ストーカーの『吸血鬼ドラキュラ』と、この小説に描かれた、ドラキュラのモデルと言われるルーマニアのヴラド・ツェペシュ（串刺し公）の恐ろしい行動のせいである。ルーマニアは何世紀にもわたり、現在のブルガリア、セルビア、モルドバ、ウクライナのスラヴ地域と国境を接してきたが、ルーマニアの初期の政治的・社会的つながりは、むしろ西に位置するハンガリーの隣人たちとの方が強かった。こうした政治的・文化的融合はあったが、ルーマニアはその歴史において、古代ローマ帝国とつながりを保ってきた。古代ローマ帝国は、ルーマニアという国名の由来で

骨の洞窟

ルーマニアの文化的な民間伝承に染みこんだ、長く深い歴史観を最も明らかに示す例は、おそらく「骨の洞窟」だろう。この洞窟は、2002年に洞窟探検隊によって、ルーマニア南部のカルパティア山脈で発見された。放射性炭素年代測定法により、洞窟から回収された人骨は4万年以上前のものであることが判明し、それまでにヨーロッパで発見された人骨のなかで最古のものとなった。

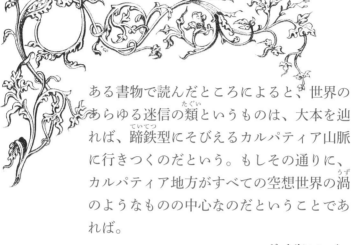

ある書物で読んだところによると、世界の
あらゆる迷信の類《たぐい》というものは、大本を辿
れば、蹄鉄型《ていてつ》にそびえるカルパティア山脈
に行きつくのだという。もしその通りに、
カルパティア地方がすべての空想世界の渦《うず》
のようなものの中心なのだということであ
れば。

——ジョナサン・ハーカー
ブラム・ストーカー『吸血鬼ドラキュラ』（田内志文訳より）

もある。

　現在ルーマニアと呼ばれる東ヨーロッパの地域は、ローマ帝国皇帝トラ
ヤヌスによって106年に征服された地で、ルーマニアの一部はローマ帝
国属州ダキアとして2世紀近く存在した。地理的にローマ帝国の直接的影
響からは距離があったため、属州ダキアにはもともとの住民とローマ人入
植者が混在することになり、独特の感性が育まれた。3世紀にローマ帝国
が弱体化したのち、ルーマニア人は、ゴート人、フン族、オスマントルコ
の侵略と、オーストリア・ハンガリー帝国の支配を受けたが生き残った。
数世紀にわたる文化的・政治的侵略を通して、ルーマニア人は熱烈な独立
心と国家意識をもち続けたのだ。そして、ヴァンパイア伝説も語り継がれ
ていった。

「ドラキュラ」の起源

ドラゴン騎士団は 15 世紀初頭に、ハンガリー王がイスラム教徒の
トルコ軍と戦うために設立した騎士団だ。ヴラド2世は 1431 年にド
ラゴン騎士団に加わり、その勇敢さからドラクル（ドラゴンの意）
の名を与えられた。彼は息子のヴラド3世、すなわちヴラド串刺し
公にその名を譲った。

ヴラド・ツェペシュ

　ルーマニアで最も有名な人物と言え
ば、ワラキア公国の君主ヴラド・ツェ
ペシュ（1431 〜 1476 年）で、ヴラド
3 世またはヴラド・ドラキュラとも呼
ばれていた。また、捕らえた敵の体を
生きたまま杭で突き刺した行為から、
年代記編者からはヴラド串刺し公とも
呼ばれている。串刺しという恐ろしい
評判にもかかわらず（あるいは、おそ
らくその評判のために）、彼は侵略し
てきたトルコ軍に勇敢に立ち向かった
ことで、トランシルヴァニアの人々の
国民的英雄となった。1453 年のコン
スタンチノープルの陥落ののち、バル
カン半島諸国にトルコの影響が強まっ

ニコラエ・ヨルガ『ヴラド串刺し公』

てきた時代にヴラドは君主の座に就いた。1462年にヴラドはトルコ軍と数回戦い、夜戦で決定的な勝利を収めた（この戦いでは1万5000人のトルコ人が殺されたと言われている）。

1897年にブラム・ストーカーが小説の主人公である吸血鬼にその名前ドラキュラを使うと決めたことで、ヴラドは世界的な有名人になった。それ以来、ドラキュラ伯爵の馬車が若き弁護士ジョナサン・ハーカーと出会うボルゴ街道へは、観光客が押し寄せている。小説のドラキュラ城はあくまで架空の城なのだが、それでも、その場所を突きとめようとするヴァンパイア愛好家を止めることはできない。

ストリゴイ

スラヴ系ヴァンパイア伝説の影響はあったが、ルーマニアのヴァンパイアの民間伝承は、その名前と行動では独自性を維持していた。ルーマニアのトランシルヴァニア公国では、ヴァンパイアは2種類存在する。生きているヴァンパイアはストリゴイ・ヴュー、死んだヴァンパイアはストリゴイ・モルトと、見分けがつかないけれども、区別して呼ばれる。ストリゴイ・モルトは墓を抜け出し、動物の姿になって生きた人間につきまとい、悩ませる。ストリゴイという言葉は、死後ヴァンパイアになる運命の魔女を表す「ストリガ」に由来する。伝説においては、魔女とヴァンパイアに関連があることは明らかで、ストリゴイ・ヴューとストリゴイ・モルトは、夜間に集まって、生きている人間への陰謀を企てた。ストリゴイ・モルトはルーマニアのヴァンパイアのなかでも悪質で、墓からよみがえって、生きている自分の家族や家畜の血を吸い、そのあとで村の隣人たちを襲った。

東ヨーロッパの民間伝承によくあるように、ルーマニアで死後ヴァンパイアとしてよみがえる可能性が高いのは、罪深い人生を送った者や自殺者だ。また、妊娠中の女性がヴァンパイアに見つめられると、ヴァンパイアが産まれるとも信じられていた。だが、ヴァンパイアに見つめられたこと

映画におけるルーマニアのヴァンパイア

フランシス・フォード・コッポラ監督の1992年のヒット作『ドラキュラ』では、ゲイリー・オールドマン演じる若き日の姿のヴラド公は、ロンドンでミナ・マーレイ（ウィノナ・ライダー）と初めて出会ったシーンで、ルーマニアの民間伝承のモチーフが使われている。ヴラドとミナが活動写真を見ているとき、白いオオカミが会場を徘徊し大混乱を引き起こす。ヴラドはミナを会場の隅にかくまい、「ストリゴイ!」と叫んでオオカミを鎮めるのだ。

がどうして女性にわかるのか、それを裏付ける根拠はない。ルーマニアでは、幽鬼になる可能性が最も高いのは婚外子、被膜児（赤ちゃんが卵膜で頭を覆われた状態で産まれてくること）、洗礼を受ける前に死んだ子供とされている。他に、7番目の息子の7番目の息子、あるいは同じ性の7番目の子供はヴァンパイアになるとする伝説もある。

アルバニアのストリガ

ルーマニアのヴァンパイア伝説の多くが、スラヴ民族の民間伝承からアイデアを得ているのと同様に、南東ヨーロッパのアルバニアもまた、アンデッドに関して同様のアプローチを取っている。ルーマニアと同様に、アルバニアのストリガも魔女に似た特徴をもっている。「ストリガ」という言葉は、ラテン語の「甲高い声で鳴くフクロウ」を表す strix に由来し、夜に飛ぶ悪魔のような生き物を表している。ストリガは、昼間は普通にふるまっているが、夜になると空を飛ぶハエやガのような昆虫に変身し、犠牲者を襲ってその血を吸う。

伝説によると、教会での共同体の集会の際にストリガは特定される。豚の骨で作った十字架をドアに掛けると、ストリガは十字架を通り過ぎることができないので、正体がわかるという。もうひとつの判別方法は、日が暮れてからストリガの疑いのある者の跡をつけていき、血を吐き出すのを確認するというものだ。そのとき、吐き出された血に硬貨を浸すと、さらなる攻撃を防ぐ魔除けになると言われている。

ドイツのヴァンパイア

10世紀にスラヴ系民族が東ドイツへ侵攻したため、ドイツのヴァンパイアは東ヨーロッパのスラヴ民族のヴァンパイアから多大な影響を受けている。北ドイツで最も有名なヴァンパイアはナハツェーラー（「死後に貪る人」の意）で、自分の四肢や屍衣を食べたあとによみがえり、たまたま行き合わせた人に、映画『ナイト・オブ・ザ・リビングデッド』で描かれたような、部分的に食べた手や腕を差し出したおぞましいゾンビの姿を見せる。ナハツェーラーは出産時に死んだ女性を伴っていることが多く、そ

ひとつだけ、他の墓よりも荘厳で、巨大で、高貴さを漂わせた墓があった。そこにはひとこと、こう刻まれていた。『DRACULA』

——ヴァン・ヘルシング教授
ブラム・ストーカー『吸血鬼ドラキュラ』（田内志文訳より）

の女性は恐ろしいヴァンパイアが人間を攻撃し、犠牲者を貪るのを助ける。

　ナハツェーラーは自殺者や突然に変死を遂げた人間がよみがえったものと信じられているが、さらに珍しい原因として、最近亡くなった人間で、屍衣に名前が付いたまま埋葬されるとヴァンパイアになるというものもある。南ドイツのナハツェーラーによく似たヴァンパイアはブルートザオガーと呼ばれるが、これはそのまま、血を吸う者というおぞましい意味だ。

アルプ

　ドイツの民間伝承に出てくる最も狡猾で一貫性のない夜の魔物のひとつがアルプだ。アルプの悪霊としての特徴は、姿を現すドイツの地域によって異なる。ある地域では、アルプは魔法使いで、悪さを働くために鳥やネコの姿に変身できる。別の地域では、アルプは人間の姿をした性犯罪者で、ベッドで眠っている女性や少女を襲う。アルプはまた、魔術と密接に結びついており、夜にはネコやネズミの姿になって、魔法使いの命令を実

シュラトル

　ドイツのアルプに似た魔物としては、シュラトルがいる。自分の死体から葬式の埋葬布を食いちぎり、墓からよみがえる凶暴なヴァンパイアだ。シュラトルはまず自分の家族と家畜を襲い、その後共同体全体を襲うが、しばしば犠牲者を狂気に追いやる。東ヨーロッパではシュラトルは病気のまん延の原因であるとする点も、ヴァンパイアに似ている。

フリードリヒ・フォークト・ライプツィヒ『ヴァンパイアとアルプ』（1854年）

行すると言われている。アルプのよく知られた能力のひとつは、眠っている犠牲者の思考に入っていって、恐ろしい悪夢を見せるというものだ。そのせいで相手はしばしばひきつけやヒステリーの発作を起こす。

　アルプが真夜中に人間を襲うときは、突然胸の上に乗って目覚めさせ、押しつぶさんばかりの圧迫を加え、窒息しそうなほど苦しい目にあわせる。ヴァンパイアに襲われた人々はしばしば同様の苦しみを訴えている。死者がよみがえったものと思われるアルプの死体は、墓から取り出して儀式を行った上で焼却し、灰にする。悪さをするアルプが魔女とみなされたら、その邪悪なパワーを破壊するために、右目の上を切って「血を吸われる」儀式を行う。

ウッドワイフ

　ドイツの多くの歴史的伝説では、ウッドワイフは一般に森に住む動物や植物の保護者と考えられ、温和な妖精という性格をもち、ゆったりとしたローブを優雅にまとっていると言われている。だが、身の毛もよだつ記録によると、無謀にも森の奥深く入ってきた狩人や木こりを襲って喉を引き裂くこともあったようだ。森へ出かけた者の損傷した死体が森の奥へ続く小道のそばで見つかると、侵入者に腹を立てたウッドワイフの犠牲者とみなされるのが常だった。

✦第5章✦

イギリスの
ヴァンパイア

現代のイギリスで取り上げられるヴァンピリズムの物語といえば、よく知られた東ヨーロッパの血を吸う者（ブラッドサッカー）の話が多いが、11世紀から12世紀にかけてのイギリス諸島では、独自のおぞましい伝承がいくつも生み出された。

ウェールズ地方のハグ

　ウェールズ地方の民間伝承に登場するハグは女の悪魔で、若い娘の姿をしているときもあれば、熟年の婦人や醜い老婆の姿で現れるときもある。最も恐れられているのは老婆の姿で、それは死や破滅が差し迫っていることを示しているからだ。また、川で血まみれの服を洗っている洗濯女の象徴とみなされている。ハグに出くわした人は、残酷な運命を背負うことになると言われている。

グラッハ・ア・フリビン

　グラッハ・ア・フリビンも恐ろしいほど年をとった女性で、十字路で旅人を脅しているところを見かけたり、小川や池のほとりでちらりと姿を見たりすることがある。グラッハ・ア・フリビンの泣きさけぶ声は、聞いた者の死が差し迫っている合図だと信じられている。また、眠っている子供や寝たきりの病人を襲って血を吸い、弱らせて死なせてしまう。グラッハ・ア・フリビンがやってきたことは、犠牲者の口に渇いた血がついていることでわかる。健康な人間であれば、力ずくで追い払うことができると言われている。

デアルグ・デュ

　アイルランドは「エメラルドの島」とも呼ばれ、『吸血鬼ドラキュラ』の著者ブラム・ストーカーや、怪奇小説作家のジョゼフ・シェリダン・レ・ファニュなど、超自然的な存在をこよなく愛した多くの作家の故郷である。この島には小説のテーマになりそうな多くの伝説が残っているが、中でも最も有名なのがデアルグ・デュだ。

　何世紀も前に、良家の出である美しい娘が農民の青年と恋に落ちた。驚くべきことではないが、娘の家族は結婚に反対し、同じ社会階級の年輩の男性と結婚するよう強く言った。娘は父親に強いられるまま望まぬ結婚をしたが、失意と粗野な夫の暴力のために、結婚後すぐに死んでしまった。娘の死を悲しんだのは、娘を心から愛していた農家の青年だけだった。しかし、娘は死の床で、自分を虐げた人々への復讐を誓っていた。死後墓からよみがえると、娘は父親の家を訪れ、眠っている父親の上にかがみ込んで、その唇から精気を吸いとった。次に夫の家を訪れると、夫は新しい妻とともに眠っていた。娘は怒りにまかせてふたりを襲い、その体から血をすべて吸いとった。今や血に飢える娘は、癒やされることのない渇きを満

シーに注意

デアルグ・デュは、美しい妖精リャナン・シーと関連があるとも言われている。リャナン・シーは芸術家にとってミューズの役割を果たす。しかしながら、アイルランドの詩人 W・B・イェイツは、著書『神話（Mythologies）』で、こうした魔物は吸血鬼に類するもので、本質的に邪悪なものとみなしている。デアルグ・デュと同様に、リャナン・シーはその墓の上に石を積むことで、よみがえりを防ぐことができる。

たすために毎夜墓からよみがえる。とどめる唯一の方法は、墓の上に石を積むことで、それで娘は墓から出られなくなる。

アバータハ

アイルランドの初期の伝説に、アバータハの物語がある。これはロンドンデリーのエリガル教区に住む小びとだ。アバータハはすご腕の魔術師だったが、暴君でもあり、田舎の人々から恐れられていた。近隣の族長フィン・マックールがこの小びとを殺したが、アバータハは死体からよみがえると、国中を歩きまわり、犠牲者の血を吸った。マックールは2度、3度と彼を殺したが、それでも魔術師は墓からよみがえった。最終的に、マックールはイチイの

木で作った剣で小びとを殺し、死体を逆さまに埋め、イバラで墓を囲い、蓋の上には巨石を置いた。これが功を奏したらしく、アイルランドはアバータハの破壊行為から解放された。文学史学者のなかに、ブラム・ストーカーはアイルランドの伝説からインスピレーションを得て、吸血鬼ドラキュラの物語を書いたと示唆する者もいる。

イングランドのヴァンパイア

イングランド北部のベリックでは中世から、おそらくペストで死んだ地元の男の魂が町をうろつき、病気と恐怖を拡散したという話が伝わっている。その男は幽霊の猟犬の群を伴っており、その犬たちの悲しげな吠え声で、男がやって来ることがわかった。男は聖別されていない土地に埋められていたが、町の住民はそこから死体を掘り起こし、死体を切り刻んで燃やした。スコットランドのメルローズでも、ヴァンパイアの破壊行為を止めるために、同じように死体を燃やす方法がとられた。

カンバーランド郡のクログリン・グランジには、19世紀に作家のオー

ヴァンパイアはとても長生きで、理論上は永遠に生きることができる。ということは、彼らが仕事に本腰を入れるといっても、おそろしく気の長い話かもしれない。

——ローレル・K・ハミルトン『黒曜石の蝶（Obsidian Butterfly）』

ガスタス・ヘアが記録したヴァンパイアの話が残っている。それは、古い家を借りて住んでいた、ひとりの女性とそのふたりの兄の話だ。ある夜、女性がふと目覚めると、窓の外に茶色の髪と炎のような目をした奇妙な生き物の姿が見えた。その生き物は部屋のなかに入ってきて、女性の首をつかむと、その血を飲んだ。3人はしばらく家から逃げだしていたが、戻ってみると、ヴァンパイアも戻ってきた。ひとりの兄が魔物の脚を銃で撃ち、みなで血の跡をたどっていくと、墓地のなかにある地下墓所に至った。彼らは棺のなかで眠っている魔物を見つけ、それを燃やした。

ハイゲイトのヴァンパイア

ロンドンのハイゲイト墓地は、イギリスで最も有名な埋葬地のひとつで、ジョージ・エリオット、クリスティーナ・ロセッティ、カール・マルクスといった著名人が眠っている。1963年、日が暮れてからその門のそばを歩いていた人々が、幽霊のようなものが敷地内をうろついているのを見かけたと報告した。その直後、血を吸いつくされた何体かの動物の死体が発見された。それ以外にも目撃報告が何件かあり、そのひとつでは、若い女性がヴァンパイアに襲われたと報告している。幸いなことに、その娘は咬まれる前に救助された。1970年代になると、徐々に目撃報告は減ったが、それはおそらく墓地の改修と関連があると考えられ、今日ではハイゲイト墓地はロンドンの観光名所になっている。

スコットランドのヴァンパイア

スコットランドは荒野と険しい山々の国で、風のない湖の陰気な湖面に城が影を映しているが、実にさまざまな独自のヴァンパイアの話が多数残っている。スコットランドのグラムス城は（マクベスのダンカン王暗殺現場と言われる城と同様に）、イギリスのなかで最も亡霊がよく出る城と呼ばれることもあり、その城主には恐ろしい秘密があるという噂がある。

それは、家族にヴァンパイアの子供が生まれたというものだ。子供は城の
なかの隠し部屋に幽閉されていて、部外者で姿を見た者はいない。ヴァン
パイアの子供は、代々の城主に生まれているとも言われる。

　それに関連した話として、数百年前に、ひとりの女の召使いが死体の上
にかがみ込んで、血を飲んでいるのが発見された。その召使いは城内の部
屋に閉じこめられ、人々の視界からは消え去った。だが、記憶から消える
ことはない。

スコットランドのその他の血を吸う者

　時代が下った 1920 年代のブレア・アトールでは、ふたりの密猟者が夜
の猟を終えて休んでいると、謎の化け物に襲われ、ふたりとも血を吸われ
たという記録が残っている。彼らは何とか撃退したが、この事件は、ス
コットランドのハイランド地方では、旅人は暗くなってから外を出歩くの
は避けた方がいいという警告として使われてきた。

　エジンバラ近郊のインバーレイスにあるホテル、ウィリアム・ブライエ

グラムス城

ン・ハウスでは、1915〜1916年の冬の間、紛れもなく邪悪な気配をまとったものが現れて、職員と客は恐れおののいたという。アンドリュー・ミューアという医学生が調査を買って出て、その現象が起きた部屋にひとりで宿泊させてほしいと頼んだ。ホテルの所有者は渋々承知したが、緊急の場合にはこれを鳴らすようにと、ベルを与えた。アンドリューが部屋に閉じこもって数時間がたったとき、ホテルの人々はけたたましいベルの音と、身の毛がよだつような叫び声を聞いた。部屋に駆けつけると、不幸な医学生が椅子に崩れおちるような姿で死亡していた。喉から肩にかけていくつも刺し傷がついていた。この殺人事件は未解決だが、その後の調査によって、ホテルの前の所有者、ウィリアム・ブライエンの物語が明らかになった。ブライエンは死ぬ前に、自分の墓は40フィート（12メートル）の深さに掘って、棺は決して蓋が開かないようにするよう指示していたという。おそらく自分の行為を恐れて、墓から抜け出せないようにしたかっ

人間がおのれの愛するものをなぜ殺すのか、その理由は簡単だ。生き物を知るとは、殺すことだ。心ゆくまで知るためには殺さなければならぬ。この故に、霊魂という願望の意識は吸血鬼なのだ。

——D・H・ロレンス「エドガー・アラン・ポウ」
（『アメリカ古典文学研究』所収、後藤昭次訳より）

たのだろう。

　スコットランドには、他にも田舎に出没するヴァンパイアがいる。ブーヴァン・シーは魅惑的な乙女で、カラスに変身してあちこち自由に移動すると考えられている。乙女の姿で旅人や狩人を誘惑し、一緒に歌ったり踊ったりして、その楽しみの最中に、何の疑いももっていない犠牲者を殺すのだ。スコットランドのレッドキャップ（赤帽子）は、朽ち果てた城や要塞を住みかとする邪悪な悪霊で、眠っている旅人の血にその帽子を浸して、深紅色に染めようとする。確かにおしゃれな悪霊ではあるが、とりたてて友好的とは言えない。幸い、聖書の言葉を唱えたり、宗教的な品を見せたりすると逃げ出して、あまり信心深くない他の犠牲者を探しに行くという。

✤ 第6章 ✤

極東とインドの ヴァンパイア

 中国、日本、インドの神話からは、西ヨーロッパや南北アメリカ大陸に存在するヴァンパイア伝説に匹敵する数の物語が生まれている。これらのヴァンパイアは欧米人になじみのあるものとはまったく異なるが、それでも同じ民間伝承の伝統に属するものであるのは間違いない。

中国のヴァンパイア

　欧米の文化、文学、映画をとおして愛したり忌み嫌ったりするようになったヴァンパイアは、通常ヨーロッパで語り伝えられてきたものだが、そのパワーや恐ろしさ、魅力には国境がない。中国のキョンシー（チャンスー）は、「跳ねる幽霊」とも呼ばれ、溺死、絞首、自殺などで命を落とした死体がよみがえったものだ。青ざめた肌と長く尖った爪をもつキョンシーはとりわけ凶暴で、犠牲者の四肢と頭をもぎ取り、生命力を抜き取っ

てしまう。世界のヴァンパイアに共通する退治の手段であるニンニクは、この邪悪な妖怪にも有効だが、他にも塩やお札も効果がある。興味深いことに、雷の音も大の苦手だ。さらに、黒犬の毛（黒犬の血という説もある）、桃の木から作った剣、鶏の卵、もち米、男児の尿でも退治できる。

よみがえった死体

17世紀の作家蒲松齢(ほしょうれい)は、吸血鬼を主人公にした『よみがえった死体』という短編小説を書いている。4人の商人が宿に泊まった。宿は混み合っていたので、商人たちは納屋に泊まることになった。そこには宿の主人の義理の娘の遺体が葬式のために安置されていた。すると、夜中に死体がキョンシーとなってよみがえり、眠っていた商人たちにその鋭い牙で襲いかかった。幸い、ひとりの商人が寝つけなくて本を読みながら起きていた。キョンシーが近づくと、男は扉から飛び出した。キョンシーは全速力で彼を追いかけ、長い爪を突き出して、男の喉を掻き切ろうとした。キョンシーはどんどん近づいてきて、男はもうだめだと覚悟を決めた。男は追い詰められたが、頭上に柳の木が枝を伸ばしていることに気付く。そし

ふたつの魂

中国の哲学者は、人間の体にはふたつの魂（魂魄）が存在すると信じている。ひとつは、優れた魂で、体の形をとり、自由に動きまわる。また、短時間ではあるが、他人の体に取りつくこともできる。もうひとつは、劣った魂「魄(はく)」で、肉体が死んだあともとどまり続ける。魄によってよみがえった肉体がキョンシー、すなわちヴァンパイアなのだ。

て、キョンシーが襲いかかってきたとき、男はすばやく身をかわした。すると、キョンシーの爪は柳の木に深く突き刺さった。身動きできなくなったキョンシーが金切り声で叫ぶと、男は恐怖と疲労から気を失った。

　翌朝、男が木の下で目を覚ましたとき、吸血鬼の痕跡はどこにもなかった。男は自分の足跡をたどって宿まで戻り、3人の連れが死んだことを知った。義理の娘の死体は昨晩と同じ場所に横たわっていた。血を浴びていたが、それ以外は昨夜とまったく変わりはなかった。宿の主人は商人に、娘は半年ほど前に死んだが、占星術で埋葬すべきとされる日が来るまで待っていたのだと打ち明けた。

私は善でも悪でもない。
天使でも悪魔でもない。
私は人間だ。ヴァンパイアだ。

——マイケル・ロムキー『私は、ヴァンパイア（I, Vampire）』

映画における中国のヴァンパイア

　1980 年代から、中国ではヴァンパイアの登場するホラー映画が復活した。1950 年代から 60 年代にかけて、ヴァンパイア映画は香港に本拠を置く映画会社が製作していたが、総じて品質は良くなかった。そのため、中国で新しく製作された映画はまたたく間にファンを増やし、ヴァンパイアが食肉加工場を乗っ取る『バンパイア・コップ』（1987 年）、『淫獣道士／地獄から来た吸血ドラゴン』（1985 年）、『キョンシー・キッズ　精霊道士』（1986 年）、『ロボハンター　霊幻暗黒團大戦争』（1988 年）などの傑作が生まれた。一方、台湾の映画製作会社は『幽幻道士』（1986 年）などの作品を製作した。

日本のヴァンパイア

　日本の河童は、丸い目をした毛のない猿のような薄気味悪い生き物で、手と足に水かきがついている。河童は河川や池の隠れ場所から跳び出し、獲物の尻の穴から血を吸うというぞっとするような習性をもつ。マレーシアにも、河童に似た血を吸う悪党が存在する。それは出産時に死んだ母親と死産した赤ん坊の体内から飛び出したもので、母親はランスイル、哀れな子供はポンティアナックとなってよみがえる。生きている人間をねたんで復讐しようとするが、そのやり方は、犠牲者の腹を切り裂いて血を吸うという、胸

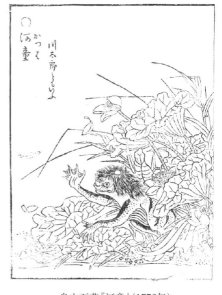

鳥山石燕『河童』(1776年)

その他の日本のヴァンパイア

◆日本人のなかには餓鬼と呼ばれる妖怪に悩まされている人が
いるかもしれない。これは血を求めて泣きわめく青白い死体
で、動物や人間に姿を変えることもできる。

◆美しい女性が悪魔に取りつかれると、般若に変身する。この
恐ろしい魔物は血を吸い、子供を食べる。

◆火車は墓場の死体を貪り、血を吸う妖怪だ。

◆女性は怒ってばかりいると、死後ランクが下がり、夜叉という
吸血コウモリに生まれ変わる。

が悪くなるようなものだ。

インドネシアのペナンガラン

　インドネシアの伝承に登場する奇異な妖怪ペナンガランは、しばしば悪
魔と取引した助産師といわれる。昼間は普通に行動しているが、夜になる
と、胴体から切り離された頭が、首から胃や腸をぶら下げたむごたらしい
姿で動きまわる。このおぞましい妖怪は空を飛ぶことができ、出産中の女
性を探してさまよう。そして女性が出産する間、屋根の上で泣き声を上げ
ながらとどまり、屋根の垂木の隙間から長く細い舌を伸ばして、母親と新
生児の血をからめとる。

　これに関連する妖怪にジェングロットがいる。人間の姿をした小さな人
形のようで、動物や人間の血を吸って生きている（人間の血はジェング
ロットの持ち主が赤十字を通して購入する）。ジェングロットのほとんど
は作り話だとわかっていても、インドネシア人はこの伝承を固く信じてい

て、折に触れてジェングロットの展示会が催される。

インドの影響

　多くのヴァンパイア研究家は、ヴァンパイア神話のいくつかの起源はインドにあるのではないかと考えている。数千年の間に、インドの文化と宗教からはさまざまな種類の神、悪魔、迷信、伝説が生み出された。そして、古代インドのアンデッドの多くは、現代の伝承のなかにいまだに生きつづけている。そして、こうした伝説的物語や、そのなかにしばしば登場する血に飢えた悪魔的存在は、隊商、遠征、移民によって、何世紀も前に他の民間伝承や宗教と混ざり合い、進化したのではないかと考えられる。

ラクシャーサとヤツダーナ

　古代のヒンドゥー教では、宇宙はいくつかの地域に住み分けされていて、地下は悪魔や邪悪な霊の住みかとされていた。そこから生まれたのが恐ろしいラクサーシャ（羅刹）という人間の姿をした牙をもつ人食い鬼だ。墓地に住み、そこから夜のなかへさまよい出て、子供や妊婦を、胸が悪くなるほど大量に殺害する。ヤツダーナは、ハツダーナとも記されるが、ラクシャーサよりはるかに低い階級の妖怪で、おぞましいことに、ラクシャーサが食べ残した人間の死体をあさると信じられている。

ブータとヴェータラ

　インドの伝承には、他にもヴァンパイア的特徴を有する鬼神が存在している。ブータは正気を失った者、思いがけない事故で死んだ者、身体的欠陥のある死者の魂を表現している。ブータは廃墟や墓地に住み、死体のなかに入りこんで餌食にするが、生きている人間を襲うこともある。干ばつ、穀物の不作、病気、精神異常を引き起こし、ほぼすべての災難はブータかヴェータラのせいにされている。ヴェータラは生きた人間の体に取り

吸血鬼としてのカーリー

カーリー女神は、インドの伝承に出てくるヴァンパイアと本質的につながっている。カーリー女神の伝説のうちで最も有名なのが、鬼神ラクタヴィージャとの戦いだろう。ラクタヴィージャの滴り落ちた血から分身が現れ、たちまち戦場はラクタヴィージャの分身で埋め尽くされた。するとカーリー女神はラクタヴィージャの体から血をすべて吸いとり、ついにこの鬼神を倒した。

ラージャ・ラヴィ・ヴァルマ『カーリー女神』

ヴァンパイアの懸賞金

2012年春、インドのダラムプルの村民が、土地のヴァンパイアが牛を襲い、血を吸っていると訴えた。そんなことはあり得ないといくら説得しても、村人たちを納得させることはできなかったため、地元の政治家はあるアイデアを思いついた。それは、ヴァンパイアを捕まえるか殺すかした村人には、2000ドルの懸賞金を与えるというものだった。実際のところ役人たちは、すべては犯罪者による作り話で、自分たちの仕事に邪魔が入らないように、村人を怖がらせて夜間に出歩かないようにさせたのだと信じていた。

つき、夜間にうろつくインドの多くの魔物と同様に、子供を殺したり、流産を引き起こしたり、人々を狂気に陥れたりすることに喜びを感じる。インドには数多くの鬼神や魔物がいて、さまざまな地域ごとに数え切れないほど存在しており、これだけで数冊の本が書けそうだ。何千年もの間、彼らのせいでインドの数十万もの人々が、扉にかんぬきを掛けたり、窓を閉めたり、夜中もろうそくを燃やしつづけてきた。

✦ 第7章 ✦

南北アメリカ大陸の ヴァンパイア

南北アメリカ大陸は、独自のヴァンパイア伝承をつくり出してきた。確かに、ヨーロッパに見られるほど多くはないが、それでも、私たちを凍りつかせ、総毛立たせるのには十分だ。驚くほどのことではないが、初期の伝説には、コロンブス以前に起源をもつものもある。

北アメリカのヴァンパイア

アメリカ先住民の伝説には、ヨーロッパのヴァンパイアとそっくりなものは伝わっていないが、死者がよみがえって生きた人間を食べる怪物は、先住民の伝説の隅にひそんでいる。例えば、チペワ族はウェンディゴという、かつて人間だったときに人肉を食した怪物の話を伝えている。ウェンディゴは、アンデッドとなって荒野をさまよい、出会った人間を、まず心臓を凍らせておいて、貪り食うと言われている。

　同様に、ナバホ族の伝説には、動物に変身する能力をもった不気味な魔物がいて、夜間にさまよい歩く。生きているときに黒魔術を使ったり、恐ろしい罪を犯したりするとこの魔物になると言われている。夜になると動物の姿になって、犠牲者に襲いかかる。この魔物は日光を嫌がる。そして、その秘密の名前を調べて呼びかけると死ぬと言われている。

　ヨーロッパ的な形のヴァンピリズムは、17 世紀に大西洋を渡ってアメリカへ伝わり、独立戦争の時代には、早くもニューイングランドで姿を現していた。アメリカ北東部のヨーロッパ人系の住民は、結核（移民初期の時代には肺病と呼ばれた）とヴァンパイアの悪さを結びつけて考えた。

死者の船

　1607 年、イギリスの船舶コルモラント号は、イングランドのポーツマス港を出てカリブ海に浮かぶネイビス島（西インド諸島の一部であるリーワード諸島のなかの島）へ向かっていた。さて、乗組員のなかに——物語はいつもこのように始まる——アンドリュー・オグルソープという男がいて、本人も最初は認識していなかったが、ポーツマスでヴァンパイアに咬まれたために感染していた。目的地に着くまでに、彼に咬まれて何人かの乗組員がヴァンパイア化していた。彼らは船長に襲いかかり、殺してしまった。船が島の港に着いたとき、乗組員は全員ヴァンパイアになっていて、新しい住みかにたちまちヴァンピリズムを広めることになった。

哀れな子供たち

　最も初期のアメリカの伝説のひとつが、ロードアイランド州の富裕な農家スチュークリ・"スナッフィー"・ティリンガースト一家に関するものだ。この家には 14 人の子供がいた。長女のサラが病気にかかって亡くなった。それから日も浅いというのに、何人かの子供がまた病気になり、夢にサラが出てきて胸を強く押さえるのだと訴えて、苦しみながら続けざまに亡くなった。さらにひとりの子供が病に倒れたとき、隣人がサラの死

双方ともに襲われたのは、深夜の歩行者か窓をあけたまま寝ていた男女で、たまたま死亡をまぬがれた者は、口をそろえて語るのだった。怪物は貧弱な身体つきだが、猫のような柔軟な動きで、いきなりとびかかってくると、喉または上膊に嚙みつき、貪欲に血をすすったと。

——H・P・ラヴクラフト『チャールズ・ウォードの奇怪な事件』
（宇野利泰訳より）

体を掘り起こしてみたら、この不可解な連続死の手がかりが見つかるのではないかと助言した。哀れなサラの心臓は、新鮮な血液にまみれていたという。明らかにヴァンピリズムの兆候だ。すぐに死体が掘り出され、焼却された。伝えられているところによると、病にかかったもうひとり子供は死んだが、残りは元気に暮らしたという。このことから、浅ましいヴァンパイアのしわざであることが確認された。

情けは無用

　ティリンガースト家の伝説は、ニューイングランドでその後 100 年間、同様の苦しみを負ったいくつかの家族の行動に明らかに影響を与えた。最後に確認されたヴァンパイアは、同じくロードアイランド州の住民で 1892 年に死亡したマーシー・ブラウンだ。1880 年代初頭、マーシーの母親と姉のメアリー・オリーブが病を得て死亡した。その数年後、マーシーの弟のエドウィンが明らかに同じ病気にかかった。マーシーの死後、弟の病気が急激に悪化したため、隣人たちは、マーシーがこの症状の悪化の原因ではないかと推察した。ブラウン夫人、メアリー・オリーブ、そしてマーシーの死体が掘り起こされたが、そのうちマーシーの臓器だけが恐ろしいほどまったく損傷していなかった。

　母と姉はずっと以前に亡くなり、死体が腐敗していたという明白な事実は無視して、ヴァンパイア探求者はマーシーの心臓と肝臓を石の上に置き、燃やして灰にした。そして、医者の忠告に基づいた治療法として、灰をエドウィンに食べさせた。だが、期待通りにはいかず、エドウィンはその後まもなく亡くなり、不幸な結末を迎えた。そして、このおぞましい事件は、メディアにセンセーショナルに取り上げられた。マーシー・ブラウンの不名誉な運命のなかで唯一の恩恵は、初期のアメリカにおいて、吸血鬼に似た魔女狩りにとどめを刺したということだ。

原住民のヴァンパイア

スペイン人のアルヴァル・ヌニェス・カベサ・デ・バカは、初期の新大陸探検家だが、先住民から驚くべき魔物について興味深い話を聞いたと報告している。

先住民は、小柄であごひげを生やした男が、土地をうろついているのを見たという。先住民はその男を「悪い人間」と呼んだが、その特徴をはっきり見た者はいない。男が先住民の家に近づいてくるといつも、髪の毛が逆立って、体が震え出した。そして、戸口にたいまつの火のようなものが見えたと思ったら、男が家に入ってきて、中にいる者を誰かれかまわず捕まえる。そして、手と同じくらいの幅で、長さが手のひらふたつ分の火打ち石で作ったナイフで脇腹を切りさき、その傷に手を突っこんで内臓を取り出すと、それを手のひらぐらいの大きさに切り分けて、火のなかへ投げこんだ。それから腕に3カ所切り傷をつけ、通常2番目の傷口から血を吸い、腕をねじるが、すぐに元へ戻す。そして傷の上に自分の手を載せ、傷口はすぐに閉じると告げる。
先住民が踊りを踊っている最中に、男は何度も先住民の前に現れた。ときには女性のドレスを着て現れることもあったが、また男の姿で現れる。彼がそれをするときはいつでも、小屋を掴んで空へ投げ上げ、大きな音を立てて地面に落とす。先住民はまた、男に何度も食べ物を差し出したが、男は決して食べようとはしなかったと言った。どこから来たのか、家はどこにあるのかと尋ねると、男は地面の割れ目を指さし、家は地面の下にあると言った。

これは悪魔、あるいはヴァンパイアだと、カベサは締めくくっている。

ラテンアメリカのヴァンパイア

　スラヴ民族のヴァンパイア伝説とは無関係に、現在ラテンアメリカと呼ばれる国々は、独自のヴァンパイア伝説を生み出してきた。マヤ民族の伝承に登場するカマソッツという怪物は、人間の体にコウモリの頭がついており、南アメリカの吸血コウモリに起源があるのかもしれない。カマソッツは死と犠牲を体現していて、人々はカマソッツの巣とされている洞穴をひどく恐れている。

シワテテオ

シワテテオは出産時に死亡した女性の魂と考えられ、戦士の地位が与えられた。シワテテオの魂は戦場の戦士たちに力を与えたが、遺体は地上をさまよって子供たちを襲い、病気と狂気を広めた。シワテテオが集まり、そこから夜間に生きた人間を襲いに出かけると考えられた十字路には食べ物が供えられた。十字路はヴァンパイア伝説にしばしば出てくる場所で、ヴァンパイア狩りの場所としても使われる。

トラウエルプチ

ラテンアメリカのほとんどの国では、ブルーハ（魔女）という言葉は一般に恐ろしい血を吸う魔女トラウエルプチを表すのに使われている。トラウエルプチは自由にうろつき回るためにさまざまな動物に変身することができる。こうした魔物は特にたちが悪く、罪のない幼児から血や命を吸いとり、大人に催眠術をかけて自殺させる力をもっている。この残忍な血を吸う魔女から子供を守るために、ベビーベッドのなかや周囲にニンニク、タマネギ、金属製の缶が置かれるが、今日でもメキシコの辺ぴな地域では、原因不明の幼児の死はトラウエルプチのせいにされる。死んだ子供の不幸な父母は、慎重な保護を怠ったとして軽蔑され、非難を受ける。

中央アメリカとカリブ海のヴァンパイア

アメリカ合衆国の南の土地には、ヴァンパイアの物語が豊富に存在する。例えば、トリニダード・トバゴの島々には、スクヤンが普通の人の姿で日々の生活を送っているが、夜になると、火の玉になって自由にあたりをうろつき、罪のない犠牲者を探してその血を飲む。地域社会は十字架をドアや窓の上に置いたり、ドアの後ろにほうきを逆さまにして立てたりして、スクヤンから身を守っている。これとよく似た魔物にメキシコのトラ

山羊の吸血鬼

チュパカブラはスペイン語で「山羊の吸血鬼」という意味をもち、現代の伝説となったヴァンパイア的魔物のなかでは最も新しいものだ。1990年代からプエルトリコ、メキシコ、テキサス、そしてはるか北のメイン州まで、家畜がむごたらしく襲われる事件が相次ぎ、それらはこの捕まえようのないチュパカブラのせいにされてきた。こうしたエピソードは長年にわたり、メディアのヒステリックな反応を引き起こすとともに、いくつかの現実ばなれしたホラー映画や『X―ファイル』のようなテレビドラマのヒントになった。警戒心の強い農場経営者に殺されたチュパカブラと思われる生き物のなかには、病気で痩せ衰え、疥癬_{かいせん}にかかったコヨーテと判明したものもある。

アルヴィン・パダヤチェ『チュパカブラ』

キークがいて、獲物を探すときは火の玉の姿になる。七面鳥にも変身できる。

　一方、キヴァタテオは、メキシコの古代文明の神々とつながりがあり、アステカ人が崇拝する神、テスカトリポカとトラソルテオトルに仕えていた。現在の中央アメリカとメキシコの大部分を統治していたアステカ文明とマヤ文明には、血に飢えた神々の歴史があり、最初にスペイン人探検家が上陸した以前から存在していた。その影響は現代の伝承、特に農村部のものにも感じられる。キヴァタテオは不用心な旅人の前に、青白い顔のしなびた女性の姿で現れる。その両手は白いチョークの粉で覆われており、そのぼろぼろの衣服には交差した骨が描かれ、見る人に恐怖とともに憐れみを催させる。キヴァタテオの攻撃から身を守るためには、旅人は十字路で目にする社（やしろ）に食べ物を供えるといい。

Part

3

VAMPIRES IN POP CULTURE

ポップカルチャー
のなかの
ヴァンパイア

✛ 第8章 ✛

文学のなかの
ヴァンパイア

恐怖を探し求める者たちは
遠方の風変わりな場所によく足をむける。

——H・P・ラヴクラフト『家のなかの絵』
（大瀧啓裕訳より）

何世紀にもわたって、文学の世界ではヴァンパイアを、その超自然的なすべての栄光ごと受け入れてきた。その初期の出現から現代にいたるまで、ヴァンパイア文学はテレビのシリーズものに基づく連載小説から、コメディ、西部劇、ゴスシック小説、そして現代のロマンス小説や歴史ホラーまで、あらゆるジャンルに及んでいる。著者によって、読者は歴史上最もロマンティックで有名なブラッドサッカーとともに、現実を離れた時と場所に移動するのだ。

創始者

あらゆる傑作小説の著者のなかでも、ブラム・ストーカーはおそらく、史上最も有名な小説の、最も知られていない著者と言えるだろう。ストーカーがその革新的に構成された1897年の最高傑作『吸血鬼ドラキュラ』で描いた典型的な恐ろしいヴァンパイアは、アンデッドの世界に命を吹きこんだ。しかし、これは注目を浴びた最初のヴァンパイア小説ではないことはあまり認識されていない。『吸血鬼ドラキュラ』に先立って、ジョン・ポリドーリの『吸血鬼（The Vampyre）』、ジェームズ・マルコム・ライマーの『吸血鬼ヴァーニー』、ジョゼフ・シェリダン・レ・ファニュのエロティックな『女吸血鬼カーミラ』がすでに出版されていた。

ブラム・ストーカー

『吸血鬼』

1816年5月、スイスのレマン湖畔のディオダティ荘に、あるグループが集まっていた。イタリアへ向かう途中、悪天候に阻まれたのは、イギリス人の詩人バイロン卿、当時の愛人クレア・クレモント、バイロン卿の旅仲間で主治医のジョン・ポリドーリ、詩人のパーシー・ビッシュ・シェリー、そしてのちに彼の妻となるメアリー・ウルストンクラフト・ゴドウィンだ。気晴らしのために、全員が怪奇譚を書いて、たがいに披露しあうことになった。この試みに応えて、バイロン卿は吸血鬼が出てくる小説の断片を書き、ポリドーリは「頭蓋骨の貴婦人」に関する物語を書いた。18歳のメアリーは、史上最も有名なホラー小説のひとつである『フランケンシュタイン』の元になる小説を書きはじめた。

最高のお世辞

1819年、ポリドーリがディオダティ荘でのバイロン卿の物語を下敷きにして執筆した『吸血鬼：ある物語（The Vampyre: A Tale）』がイギリスの『ニュー・マンスリー・マガジン』誌に発表された。この短編小説の主人公である恐ろしいヴァンパイア、ルスヴン卿の容姿は、バイロン卿に驚くほど似ているが、おそらくそれは偶然ではないだろう。

『吸血鬼』の主人公は、オーブリーという名の裕福で無垢な若者で、貴族のルスヴン卿に心を惹かれていく。そして、徐々に自分の主人が邪悪な悪魔であることに気づくが、その事実を受け入れていく。だが、オーブリーの妹は望まぬ結婚を強いられ、ルスヴン卿の手で殺されてしまう。ヴァンパイアの青白い肌、血への渇望、エロティシズムや傲慢さ、超自然的な行動は、たちまち他の小説家を触発し、類似した小説が生み出された。そのなかには、ジェームズ・マルコム・ライマー、ジョゼフ・シェリダン・レ・ファニュ、そして、ブラム・ストーカーがいた。

背が高く、色が黒く、血に飢えている

当然のことながら、ポリドーリが『吸血鬼』を書いたことで、著作権をめぐる争いが起きた。それは大きな論争になり、永遠に続くように見え、今日でも議論されている。最終的に、バイロン卿は『吸血鬼』を執筆したことを否定し、ポリドーリはバイロン卿の関与を認めて著作権料を支払ったが、著者としてポリドーリの名前が記載された。不幸なことに、ポリドーリは 1821 年に亡くなったため、この勝利からほとんど恩恵を受けることはなかった。自殺だったと言われている。

『吸血鬼』は、最初はバイロン卿の名前で出版された。彼の名声によってたちまち多くの言語に翻訳され、また、劇としても数多く上演された。ポリドーリに対しては、いわば「バイロン的なヴァンパイア」を創作した功績は認めるべきだろう。つまり、このヴァンパイアには、バイロン卿の一連の作品に特有の、あるいは彼自身の容貌の特徴が色濃く表れているからだ。

『吸血鬼ヴァーニー』

ポリドーリのルスヴン卿に似たヴァンパイアは多数存在するが、1840年代半ばになって、ようやく異なったタイプのヴァンパイアが登場した。その容貌と凶暴性は民間伝承に描かれた怪物の姿をした魔物を思い出させる。それは、ジェームズ・マルコム・ライマーが書いた恐ろしい小説『吸血鬼ヴァーニー』の主人公フランシス・ヴァーニー卿だ。フランシス・ヴァーニー卿（紛らわしいが、1640 年に自殺したマーマデューク・バナー

ワースの死体がよみがえったものとされている）は残虐性と陳腐さを併せもつ人物の典型で、死体然として若い少女につきまとう姿を描いた支離滅裂な大作は、109回に分けて出版され、後には220章860ページを超える物語になった。

　ヴァーニーがヴァンパイア文学に示したものは、さらなる革新だった。ルスヴン卿とは違い、民間伝承の影の部分をふまえて描かれているが、その一方で、一般的な上流階級のヴァンパイアの代名詞となった伝統的な特徴をも備えていた。ヴァーニーの最も注目に値する行動は、今なお無名の挿絵画家の功績だが、その死にざまだ。彼はヴァンパイア殺^{スレイヤー}しの手にかかったのではなく、自ら死を選んだ。ヴェスヴィオ山の火口に飛びこむという劇的な死を遂げたのだった。

背が高く、痩せこけた姿で、色あせた古風な衣服をまとい、怪しく光る金属のような眼、半開きの口、そこからは牙のような歯がのぞいている！　それは、そう、吸血鬼だった！

——ジェームズ・マルコム・ライマー『吸血鬼ヴァーニー』

歩く屍（しかばね）

よみがえりとは、命または意識を取り戻すことを言う。フランケン
シュタインからゾンビ、生き霊（ドッペルゲンガー）、殺人ウサギ（映画『モンティ・
パイソン・アンド・ホーリー・グレイル』に登場する怪物）まで、
一般にホラーの領域で使われる言葉で、いわゆるヴァンパイアの
多くが死体からよみがえるように、幽鬼ものの民間伝承をより印象
深いものにしている。

カーミラ

　1872年、ヴァンパイア小説と映画の新しい幕開けを告げる、黒マント
をまとった主人公が登場した。それは、アイルランドの小説家ジョゼフ・
シェリダン・レ・ファニュの小説『鏡のなかにぼんやりと（In a Glass
Darkly)』の一部として出版された『女吸血鬼カーミラ』だ。レ・ファニュ
はエロティックなヴァンパイア像を作り上げただけでなく、その敵役の
ヴァンパイアを女性にしたのだ。レ・ファニュの『女吸血鬼カーミラ』は
また、小説や多数の映画で用いられるヴァンパイアの特徴を強化し、確立
した。
『女吸血鬼カーミラ』の主人公で語り手でもあるのはローラという少女
で、オーストリアのシュタイアーマルクの城で年老いた父と召使いととも
に暮らしていた。近くにカルンスタインというさびれた村があった。ロー
ラが初めて魔物に出会ったのは6歳のときで、夜に若い美しい女性がベッ
ドのそばに現れた。その女性はローラをやさしく抱きしめ、ローラは眠り
に落ちたが、その後ローラは「胸を2本の針で深く刺されたような感覚」

を覚えた。胸に傷跡は残っておらず、訪問者は亡霊だったのだとローラは考えた。その後ローラはほとんど誰とも会うことなく成長した。19歳のときに、スピールスドルフ将軍と彼が後見している姪のマドモワゼル・ベルタ・ラインヘルトに会いたいと思ったが、彼女が死んだことを知らされた。ベルタの死の知らせを受け取った直後、ローラと父親は奇妙な馬車の事故を目撃する。その馬車には女性とその娘が乗っていた。生きるか死ぬかの状況によりやむを得ず、女性は娘をローラの父親に預けて旅立った。ローラと少女が初めて会ったとき、前にも会ったことがあることが明らかになった。少女は以前ローラの「夢」に出てきた女性で、ローラは彼女の夢に出てきたと主張する。少女の名前はカーミラといった。

デヴィッド・ヘンリー・フリストンによる『女吸血鬼カーミラ』の挿絵（1872年）

美しい人

　ローラの描写によると、カーミラはものうげだが、ほっそりとして気品があり、つやつやした頬、大きな瞳、光沢のある黒い髪をもつ、とても美しい少女だった。家族のことや出身地、経歴、将来の計画の話をすることを嫌がったため、わかっているのは、古い家柄の貴族の血が流れていることだけだった。そこから物語は、暗さを増していく。特に、ローラがマーカラ・カルンスタイン伯爵夫人を描いた到着したばかりの家族の肖像画──1世紀以上前の1698年に描かれたもの──がカーミラにそっくりであることに気づいてからは。同時に、ローラは体調がどんどん悪化し、夜ごと「すすけた黒い色の、怪物のように大きなネコに似た動物」と、「大きな針が2本、1、2インチの間隔で胸に深く突き刺さるような痛み」に苦しめられるようになった。その動物は、その後女性に変身するのだった。

　スピールスドルフ将軍に会う機会があり、彼の姪のベルタがマーカラという名の女性の訪問を受けたときから病気になったことを知った。マーカラは母親が急な仕事で家を離れている間、将軍に預けられていた。ベルタはローラと同じ体験を将軍に話していた。ヴァンピリズムという驚くべき医者の診断に従って、スピールスドルフはベルタのクローゼットに隠れて待ち伏せをした。すると、黒い生き物が彼女の首を襲い、マーカラに変身した。彼が剣をもって攻撃すると、マーカラは逃げ去り、スピールスドルフはマーカラを見つけて殺すと誓った。カルンスタインの礼拝堂の廃墟で、スピールスドルフとローラはカーミラと出会うが、彼女は一般的にマーカラと認識されていた。そこでスピールスドルフは、彼女が偽装のために名前のアナグラムを作り、「カーミラ」と名乗ったのだと気づく。

　翌日、法律の専門家とともにマーカラ・カルンスタイン伯爵夫人の墓が開かれた。伯爵夫人は完璧な姿を保っており、腐敗臭もなかったが、7インチ（約17センチ）の深さまで血がたまっていた。ヴァンパイア・ハンター

が心臓に杭を打ちこむと、死体は金切り声を上げた。頭を切り落としたのち、燃やして灰にし、灰は川に撒かれた。

　カーミラ・カルンスタインは、文学や映画に最も影響を与えたヴァンパイアのひとりだ。レ・ファニュはローラとカーミラの緊張感のある関係を鳥肌が立つように描写しているが、それはセクシャルな関係を匂わせていて、ビクトリア時代の人々にとっては衝撃的だったことだろう。

　レ・ファニュは、ポリドーリやライマーら当時の作家と同様に、ヴァンパイアの進化に貢献した。だが、貴族的なヴァンパイアというキャラクターが、謎めいたヴァンパイア文学の領域で不動の地位を確立したのは、もうひとりのアイルランド人作家が、最初に『アンデッド（Undead）』というタイトルをつけた小説を発表したあとのことだ。

起き上がる亡霊

　ジョゼフ・シェリダン・レ・ファニュが『女吸血鬼カーミラ』を執筆する際に、民間伝承のヴァンパイアを研究したことはまず間違いないだろう。スピールスドルフ将軍が礼拝堂にいた木こりに、なぜカルンスタインの村はさびれてしまったのかと尋ねると、木こりは「魔物どもにやられたんですよ。墓場まで跡をつけたこともあったんです。慣習に従って魔物だと見抜き、慣習に従って退治しました。首を切り、杭を打ちこみ、燃やしたんです。でも、多くの村人が犠牲になりました」と答える。これはヴァンパイアをはじめとする亡霊を退治する方法を語る典型的な状況だ。

遠かった名声への道

　ブラム・ストーカーはその生涯を通じて、『吸血鬼ドラキュラ』が、この作品に魅了された何百万もの読者や映画ファンに与えた影響を認識することはなかった。成人後の人生ではつねに有名人やそれに近い人とつきあいはあったが、自身は傑出した人物とはみなされていなかった。最も有名な小説の主人公の創作者として名声を博したのは死後のことである。

萌芽

　ブラム・ストーカーは、1847年11月8日にアイルランドのダブリンで、7人きょうだいの3番目の子供として誕生した。さまざまな子供特有の病気にかかり、いつもベッドで寝ている病弱な子供だったが、7歳になると奇跡的とも思える完全な回復をみせた。ダブリンのトリニティ・カレッジを、科学を専攻して卒業したあと、数学で上級学位を取得するため、再び大学に戻った。大学在学中、彼は文学、哲学、そして演劇のグループに参加するようになったが、それが後の演劇と文学へ傾倒する土台となった。

演劇の才能

　1876年にヘンリー・アーヴィングの劇団がダブリンで公演を行い、ストーカーがアーヴィングを称賛する劇評を書いたあと、ストーカーはアーヴィングから夕食に招待された。ふたりの長期にわたる関係はこのときから始まった。2年後の1878年、ロンドンのライシアム劇場の看板俳優となったアーヴィングから、ストーカーは舞台主任として加わらないかと誘いを受けた。

影の側面

ロンドンで新妻と新しい仕事を得たブ
ラム・ストーカーは、演劇の世界へ身を
投じた。同時に、文筆家としての第二の
キャリアも積極的に追求し、1890 年に
『蛇の道（The Snake's Pass）』を発表し
た。同じ年、ストーカーは『吸血鬼ドラ
キュラ』の執筆を開始したが、出版の準
備が整うまでには 7 年の歳月を要した。

ドラキュラ伯爵という主人公の着想に
関しては、これまでにも多くのことが書

ヘンリー・アーヴィング

かれてきた。ブラム・ストーカーがこの悪党の名前を、ワラキア公ヴラド
3 世（通称ドラキュラ公）にちなんで付けたことにはほぼ疑いはないが、
ドラキュラの身体的特徴に関しては、他ならぬ仕事仲間のヘンリー・アー
ヴィングに着想を得たというのが通説だ。残虐な小説の主人公の描写に
は、卓越した俳優の背格好、優雅さ、顔立ちが見てとれ、アーヴィングの
激しい気性は、ドラキュラの恐ろしい性質に少なからぬ影響を与えたと考
えられる。

『吸血鬼ドラキュラ』は 1897 年に出版され、批評家からは広く称賛を得
たが、一般大衆はなかなかこの本を購入しようとしなかった。ストーカー
の生活は貧しく、人生の終盤には生活費を王立文学基金の助成金に頼らね
ばならなかった。彼の小説は 20 世紀になっても読みつがれ、怪奇小説の
古典となった。

舞台上のドラキュラ

　偶然にも、ストーカーの実家は、若手俳優ハミルトン・ディーンの家族が住む家の隣だった。ディーンは最終的にサー・ヘンリー・アーヴィングのバケーション・カンパニーで端役俳優として仕事をすることになった。バケーション・カンパニーは、1899 年にライシアム劇場が閉鎖されたあと、ヨーロッパやアメリカじゅうを広範囲に巡回公演した演劇集団だ。ディーンは 1924 年、ストーカーの『吸血鬼ドラキュラ』を舞台化した作品で、自ら脚本も書き、ヴァン・ヘルシングという重要な役を演じて成功させることになる。

完全復活

　20 世紀の最初の 60 年ほどの間に、ヴァンパイアを主人公にした優れた長編小説と短編小説が何冊か書かれたが（最も有名なのはリチャード・マシスンの『地球最後の男』）、ヴァンパイア小説の完全復活までには至らなかった。完全復活したとき、ヴァンパイア小説は昔の小説にエロティックな要素を加えたものになった。

アン・ライスのヴァンパイア

　アン・ライスほどヴァンパイアに命を吹きこんだ——あるいはアンデッドにした——作家はいない。その作家人生のなかで、ライスはストーカーのドラキュラ以来、最も影響力のあるヴァンパイアを創造した。ルイ、パンドラ、アーマンド、マリウス、マハレット、メリック、アカーシャ、マ

わたしは吸血鬼<ruby>吸血鬼<rt>ヴァンパイア</rt></ruby>レスタト。わたしは不死身だ。いや、それに近いというべきかもしれない。太陽の光、あるいは猛火に長時間さらされれば保証はできない。とはいえ、これもまたただの可能性にすぎないのだが。

——アン・ライス『ヴァンパイア・レスタト』（柿沼瑛子訳より）

グナスなど、名字のない名前だけで知られているヴァンパイア一族を世界に解き放った。ライスの偉業は1976年の名作『夜明けのヴァンパイア』で、レスタトというきわめて情緒的なヴァンパイアを描いたことから始まった。

　ドラキュラ以来、これほどそのなまめかしい魅力、邪悪な知性、理性的な気質、善と悪を調和させようとする耐えがたいほどの渇望で、一般大衆の集合的な心、精神、魂を惹きつけたヴァンパイアはいない。ドラキュラとは違い、ライスはその究極のヒーローであるレスタト・ド・リオンクールを、抑制のきかない深い感情の持ち主で、その感情を抑制できるのは、レスタトが切実に求める英知だけだとした。たとえその英知が、やる気のない青二才のルイ・ド・ポワント・デュ・ラックを理解すること、古代から生き続けているマリウスやデヴィッド・タルボットの教え、古代から生き続けているアカーシャの破壊的な能力、神と『悪魔メムノック』で彼が悪魔としたものとの対立であろうと。

人を超越した美しさ

ライスの小説はヴァンパイア小説文学の一つの標準を確立した。
ライスのヴァンパイアは超自然的に美しい。長身で、痩せてお
り、肌は青白く、感情や美に対して敏感である。

　レスタトの造形はライスとその夫スタンをベースにしていると言われて
いる。ライスが『夜明けのヴァンパイア』の着想を得たのは、5歳の娘ミ
シェルを珍しい型の白血病で亡くしたときだった。レスタトは人間だった
とき、1780年代の厳しい時代に没落した貴族の出身だった。1700年代の
後半にマグナスによってヴァンパイアにされたレスタトは、その虚栄心と
大胆な行動のすべてにおいて、現代の典型的なヴァンパイアだと言える。
　アン・ライスが生み出した「ヴァンパイア一族」は、その構成と相互関
係の複雑さとゴージャスさ、そしてそのパワーにおいて、史上最も敬愛さ
れるヴァンパイアたちだ。ライスは『ヴァンパイア・クロニクルズ』(『夜
明けのヴァンパイア』から始まる一連のシリーズ小説)で彼らの物語を語っ
ている。

◆『夜明けのヴァンパイア』(1976年)

◆『ヴァンパイア・レスタト』(1985年)

◆『呪われし者の女王』(1988年)

◆『肉体泥棒の罠』(1992年)

◆『悪魔メムノック』(1995年)

◆『美青年アルマンの遍歴』(1998年)

◆『メリック (Merrick)』(2000年)

◆『血と金（Blood and Gold）』（2001 年）
◆『ブラックウッド・ファーム（Blackwood Farm）』（2002 年）
◆『血の賛歌（Blood Canticle）』（2003 年）
◆『レスタト王子（Prince Lestat）』（2014 年）

『ヴァンパイア・クロニクルズ』と緩やかなつながりがあるのが『パンドラ、真紅の夢』（1998 年）と『呪われた天使、ヴィットーリオ』（1999 年）だ。ストーカーと同様、アン・ライスはヴァンパイア小説を変化させ、多くの作家が彼女に追随した。

私は彼がそうする前でさえ、彼が何をしようとするのか知っていて、無気力な気持ちで、まるで何年も待ちつづけていたかのようにそれを待ち受けていたような気がする。彼は血が流れ出している手首を私の口に押しつけ、少し苛立たしく、だがきっぱりと言った。「ルイ、飲むんだ」私は飲んだ。

——アン・ライス『夜明けのヴァンパイア』（田村隆一訳より）

よく知られたヴァンパイア小説

　1970 年代半ばに、ヴァンパイア小説の新しい波が書店を席巻した。1978 年にチェルシー・クィン・ヤーブロが『サンジェルマン』シリーズと呼ばれることになる小説を発表した。ヤーブロが描くとてつもなく「人間的」なヴァンパイアは、約 40 年にわたり休みなく進化を続けており、サンジェルマン伯爵が冷たい夜の闇に消えていく気配はまったくない。

　ヤーブロのこのシリーズ第 1 作は『ホテル・トランシルヴァニア（Hotel Transylvania)』で、18 世紀半ばのフランス国王ルイ 15 世時代のフランス宮廷を舞台にし、我慢強いサンジェルマン伯爵を主人公にしている。サンジェルマン伯爵は何百年も前からヴァンパイアで、ほとんどのヴァンパイアとは異なり、血への渇望より人間性を尊重する感覚をもち続けている。ライスのヴァンパイア、というより、ほとんどすべての作家のヴァンパイアと明らかに異なるのは、ヤーブロのサンジェルマン伯爵は温厚で、洗練されており、他の人間を心から心配しているところだ。実際、彼は魂をもったヴァンパイアなのだ。彼はアンデッドで不死の存在だが、人間の命のはかなさを十分認識していて、生きている人間には最大限の敬意を払う。だが、人間の身についた邪悪さは嫌悪する。

　アン・ライスとヤーブロの影響は、深紅の血をしたたらせるものすべてに対する新たな、衰えない関心を生み出した。このふたりの超自然的な歩みを踏襲したいくつかの作品と著者を紹介しておく。

◆スージー・マッキー・チャーナス『ヴァンパイア・タペストリー（The Vampire Tapestry)』（1980 年）

◆ジョージ・R・R・マーティン『フィーバー・ドリーム（Fevre Dream)』シリーズ（1982 年）

◆バーバラ・ハンブリー『夜に狩る者たち（Those Who Hunt the Night)』（1988 年）

◆ダン・シモンズ『夜の子供たち』（1992 年）

◆リンゼイ・サンズ『銀の瞳に恋をして』（2003 年）

◆ピーター・ワッツ『ブラインドサイト』（2006 年）

◆ヨン・アイヴィデ・リンドクヴィスト『MORSE——モールス』（2004 年）

◆セス・グレアム＝スミス『ヴァンパイアハンター・リンカーン』（2010 年）

『呪われた町』

　多作で並外れた才能をもつスティーヴン・キングはホラー小説の大家だが、1975 年に 2 作目の長編小説として『呪われた町』を出版した。キングは、ドラキュラが 20 世紀のアメリカに再び出現したらどうなるかと考えて、この小説を書きはじめたと言われている。その結果生まれたのが、メイン州の片田舎のセイラムズ・ロットと呼ばれる活気のない町が舞台の、まことに薄気味悪い物語だ。この町に新しい住人カート・バーローがやって来たのと時を同じくして、不可解な出来事が続発したり、子供が行方不明になったりする。バーローは古い家に住んでいるが、彼にはおぞましい過去があった。やがて町の住民がヴァンパイアに変身し、コミュニ

タイトルが問題

　キングは当初『Jerusalem's Lot（エルサレムズ・ロット）』（lot には「運命」の意がある）というタイトルを付けたが、出版社がこのタイトルは宗教的な寓意を含みすぎていると考え、タイトルを『'Salem's Lot』に短縮した。

ティ全体が崩壊していく。最終的に、主人公はヴァンパイアに侵略されたセイラムズ・ロットを去ることを余儀なくされるが、逃げる前にかろうじてバーローを始末する。『呪われた町』は並外れた傑作で、1979年と2004年の2度テレビで連続ドラマ化された。

死ってどんなものかわかる？
わかるとも。このモンスターた
ちにつかまったときがそれさ。

　　　　──スティーヴン・キング『呪われた町』（永井淳訳より）

『ヒストリアン』

2005年のエリザベス・コストヴァの小説『ヒストリアン』は、ブラム・ストーカーの『吸血鬼ドラキュラ』のかなりの部分を抜き出し、それを独自の歴史的な筋書きにうまく組み入れることによって、現代によみがえらせた。物語のなかで、アムステルダムに住むティーンエイジャーの娘が、父親の書斎で1冊の古い書物を発見する。その本には、1ページに不吉な竜の木版画の挿絵と、「ドラキュラ」という単語が書かれている以外は何も書かれていなかった。この本の発見からドラキュラを探求する長い旅が始まる。そして、ここでもヴラド・ツェペシュが登場し、この旅は背筋が凍るような結末を迎える。

ロマンス小説のなかのヴァンパイア

文学史において、セクシーで、魅惑的で、チャーミングなヴァンパイアほど、人気のある恋愛小説のテーマはない。恋愛小説の領域では、このジャンルの10億ドルとも言われる年間売り上げの大きな割合をヴァンパイア小説が占めている。ヴァンパイアのとりこになった読者が、生きているにしろアンデッドにしろ、お気に入りのヒーローやヒロインのために喜んで血ならぬ本代を差し出すと聞いても、驚くには当たらない。以下に、熱心な読者の心をつかみ、想像力をかき立てる、最も人気のあるヴァンパイアもののロマンス小説のリストを挙げておく。

◆ケリー・アーサー『ライリー・ジェンソンのガーディアン（The Riley Jenson Guardian)』シリーズ
◆カレン・チャンス『カサンドラ・パーマー（The Cassandra Palmer)』シリーズ
◆ジャクリーン・フランク『ナイトウォーカー（The Nightwalker)』

シリーズ

◆ジーニーン・フロスト『夜の女性ハンター（The Night Huntress）』シリーズ

◆コリーン・グリーソン『ガーデラ・ヴァンパイア・クロニクルズ（The Gardella Vampire Chronicles）』

◆アレクサンドラ・アイビー『永遠のガーディアン（The Guardians of Eternity）』シリーズ

◆リンダ・ラエル・ミラー『ザ・ヴァンパイア（The Vampire）』シリーズ

◆エイミー・レーン『小さな女神（The Little Goddess）』シリーズ

◆キャサリン・スミス『血の同盟（The Brotherhood of Blood）』シリーズ

◆スーザン・スクワイアズ『仲間（The Companion）』シリーズ

◆リン・ヴィエル『ダーキン（The Darkyn）』シリーズ

超常的なヴァンパイア

ヴァンパイア小説は、1986 年にジェイン・アン・クレンツが『スイート・スターファイア（Sweet Starfire）』を出版して以来、超常的ロマンスの大きな部分を占めるようになってきた。ロマンス、SF、それに伝統的なホラー小説の要素が合わさって、血と欲望が渦巻く、忘れられない物語が生み出されるのだ。こうした小説はファンタジーと SF の間にある線を越えて、文字通り境界のないミステリアスな舞台と超自然的な能力を、際限なく取り入れている。

アニタ・ブレイク：ヴァンパイア・ハンター

1993 年にローレル・K・ハミルトンの『十字の刻印を持つふたり』で『アニタ・ブレイク』シリーズが開始され、ヴァンパイア・ハンターものの小

説は多くの根強いファンを獲得した。アニタはそのパラレルワールドにおいて、アニメーター社で蘇生師として勤務しながら死者をよみがえらせている。はるか昔に死んだゾンビ、ヴァンパイア、人狼をよみがえらせ、ヒーリングを行うのだ。初期の作品では、ブレイクはかなり禁欲的だが、10作目あたりから吹っ切れたように、濃密な恋愛模様が冒険話の補助的な要素になっている。

　ヴァンパイアもののロマンス小説で人気があるもうひとりの作家は、ポピー・Z・ブライトだ。この作家は女性の体で生まれたが、現在は男性として暮らしている。ホラー小説を広範囲に書いていて、ヴァンパイアものはその重要な一部だ。『ロスト・ソウルズ』に描かれたヴァンパイアの集団は、日光を苦手にせず、牙も短め（やすりで磨いている）で、血以外の

ものも飲食できる。それでも、即効性のあるヒーリングのパワーと、人間離れした驚くべき体力をもっている。それ以外のブライトによるヴァンパイア小説としては、『引き寄せる血（Drawing Blood)』、『絢爛たる屍』などがある。

　現在のブライトはヴァンパイア小説というジャンルからはかなり遠ざかってしまったが、その作品はゴシック小説の世界の重要な道標であり続けている。

南部のヴァンパイア

　パラノーマルなヴァンパイア小説で最も称賛されている作家のひとり、シャーレイン・ハリスは、2001年の『トゥルーブラッド1　闇夜の訪問者』を皮切りに、スーキー・スタックハウスを主人公とした『サザン・ヴァンパイア』シリーズシリーズが大当たりした。また、権威あるアンソニー賞のベスト・ペーパーバック・ミステリー賞を、初のノミネートで受賞し、その後もさらなるベストセラーへの道を開拓してきた。サザン・ヴァンパイア・シリーズは2013年に、第13巻で終了した。ハリスのスーキー・スタックハウスは、ルイジアナ州北部に住むテレパシー能力をもつ若いウエートレスで、テレパシー能力は彼女の「妖精の血」のせいかもしれないという設定になっている。そして、ヴァンパイアや人狼などのこの世のものではない存在の注目を心ならずも引いてしまうという不幸な能力の持ち主だ。人工血液が開発されたことにより、アンデッドが人間社会に溶け込むようになった。そのなかでスーキーが超自然的な謎を解き、アンデッドたちとの個人的関係というジレンマに対処していく。このシリーズはHBO（アメリカの大手ケーブルテレビ会社）によって『トゥルーブラッド』としてテレビドラマ化され、アンナ・パキンがスーキー役を演じた。シャーレイン・ハリスの人気作、『サザン・ヴァンパイア』シリーズを以下に挙げておく。

◆『トゥルーブラッド1　闇夜の訪問者』
◆『トゥルーブラッド2　歪んだ儀式』
◆『トゥルーブラッド3　囚われの想い人』
◆『トゥルーブラッド4　奪われた記憶』
◆『トゥルーブラッド5　暗闇の狙撃手』
◆『トゥルーブラッド6　女王との謁見』
◆『トゥルーブラッド7　交差する謀略』
◆『トゥルーブラッド8　秘密の血統』
◆『トゥルーブラッド9　去り行く者たち』
◆『トゥルーブラッド10　絆の力』
◆『トゥルーブラッド11　遺された秘宝』
◆『トゥルーブラッド12　愛情の行方』
◆『トゥルーブラッド13　安らぎの場所』

喜劇のヴァンパイア

　血をすするヴァンパイアとユーモアが両立するところは想像するのが難しいかもしれないが、超自然的な夜の魔物がSF小説、ロマンス小説、歴史小説に忍びこんだように、コメディにもヴァンパイア小説はある。ティモシー・マッシーの『死への転落（Death by the Drop）』は、底流に皮肉っぽいウィットを含んだ、明らかなユーモアが感じられる。比較的少ないコメディのヴァンパイア小説のリストにぜひ加えたい作品だ。

　現在邪悪なヴァンパイアもののコメディの頂点に君臨しているのは、間違いなくメアリジャニス・デヴィッドスンだろう。彼女の『アンデッド』シリーズの主人公は、たまらなく魅力的な元モデルで現在失業中の独身女性、ベッツィ・テイラーだ。ベッツィはSUV車に轢かれて死ぬが、ヴァンパイアの女王としてよみがえる。そして、「女王ベッツィ」は「歩く屍」としての人生を受け入れるのではなく、デザイナーブランドの靴を買いこ

み（今や夜中のセールへはずっと行きやすくなった）、職探しをするという標準的とは言いがたい存在として再スタートしようとする。もちろん、ユーモアのセンスをまったく持ち合わせない邪悪なヴァンパイアたちとの対立に苛立ち、ペースを崩されることはあるけれども。デヴィッドスンの『アンデッド』シリーズには以下のような作品がある。

- ◆『ヴァンパイアはご機嫌ななめ』（2004 年）
- ◆『無職のヴァンパイア（Undead and Unemployed）』（2004 年）
- ◆『評価されないヴァンパイア（Undead and Unappreciated）』（2005年）
- ◆『後戻りできないヴァンパイア（Undead and Unreturnable）』（2005 年）
- ◆『不人気なヴァンパイア（Undead and Unpopular）』（2006 年）
- ◆『不安なヴァンパイア（Undead and Uneasy）』（2007 年）
- ◆『無価値なヴァンパイア（Undead and Unworthy）』（2008 年）
- ◆『歓迎されないヴァンパイア（Undead and Unwelcome）』（2009 年）
- ◆『未完成なヴァンパイア（Undead and Unfinished）』（2010 年）
- ◆『優柔不断なヴァンパイア（Undead and Undermined）』（2011 年）
- ◆『不安定なヴァンパイア（Undead and Unstable）』（2012 年）
- ◆『自信が持てないヴァンパイア（Undead and Unsure）』（2013 年）
- ◆『不用心なヴァンパイア（Undead and Unwary）』（2014 年）

ヤングアダルト小説とヴァンパイア

　ヤングアダルト小説には以前からファンタジーやホラーの要素が豊富に含まれていた。『赤ずきん』のようなおとぎ話も、特に初期の版は、オオカミが赤ずきんとおばあさんを食べてしまうのだから、その当時の人々にとってはかなり陰惨なものだった。ブラム・ストーカーも 1881 年にはおとぎ話を集めた『日が暮れてから（Under the Sunset）』を書いていて、

そこで方向転換して『吸血鬼ドラキュラ』を執筆したのだが、このおとぎ話も感受性の強い人々にとってはかなり怖い思いをするものだった。

　現代のヤングアダルト小説の大半は、主要な登場人物として十代の若者を描いているが、アンデッドの世界への進出も例外ではない。テレビドラマ・シリーズ『バフィー〜恋する十字架〜』に続いて出版されたシリーズ本もその好例のひとつで、典型的なバレーガール（カリフォルニア州サン・フェルナンド・バレーに住み流行の先端を行く少女たち）のバフィー・アン・サマーズは邪悪な力に対抗し、怪物退治の聖戦を続けている。だが、ヤング・アダルト・ヴァンパイア小説の世界に、ステファニー・メイヤーの『トワイライト』シリーズに肩を並べる者はいない。

ハリーポッターを押しのけて

　アン・ライスは初代「呪われし者の女王」としての名声を築いたが、ステファニー・メイヤーはどちらかと言えば「魅いられし者の女王」として、ヤングアダルト市場で悪名と成功を勝ちとった。メイヤーは『トワイライト』をより若年層向けに、性的要素を抑えた小説として発表して注目を浴び、成長期のホルモンによる激しい感情には触れず、ティーンエイジャーのヒロイン、ベラ・スワンと、とてつもなく思いやりのある、途方もない美青年ヴァンパイア、エドワード・カレンとの関係を描いて大成功した。

　メイヤーが29歳だった2005年に出版された『トワイライト』シリーズはもともと主人公の名をタイトルにしていた。主人公ベラ・スワンは太陽の光が降り注ぐアリゾナ州フェニックスから、父親と暮らすために湿気の多い陰鬱なワシントン州フォークスに引っ越してきた。初めて高校へ行った日、ベラは不思議な雰囲気をもつ美青年エドワード・カレンが、血も凍るようなまなざしで自分を見つめていることに気づく。ベラの脳裏に突然、「目つきで人が殺せるならば」というフレーズが浮かぶ。結局のところ、カレンはベラを脅すつもりはなく、ベラの匂いに心を奪われていたのだった。それに続く3作品で、ふたりは熱烈な──といっても清らかな

無垢な血

メイヤーの小説が無垢な性質をもつことは決して偶然ではない。熱心なモルモン教徒であり、母親であるメイヤーは、ヤングアダルト小説の過度な性描写、飲酒、暴力はどうかと思うと主張している。そして、自分の作品は、青年期の暗い側面と自分を同一視できない、あるいはまだ体験していない、広範囲の若者——特に少女たち——に向けて書いていると述べている。メイヤーが考えた主人公ベラは、気立てのよい普通の少女で、ボーイフレンドも思いやりがあって、文句のつけようのないほど礼儀正しい青年なのだ。

——恋に落ちる。そして、つらい別離と、邪悪なヴァンパイアやその他の夜の魔物たちとの悲惨な衝突を乗り越えていく。

　メイヤーのアプローチは、特に映画化されると、ベラをクリステン・スチュワート、エドワードをロバート・パティンソンが演じ、大勢のファン層の共感を呼んだ。ステファニー・メイヤーの『トワイライト』シリーズは以下の通りだ。

◆『愛した人はヴァンパイア』（2005年）
◆『血は哀しみの味』（2005年）
◆『闇の吸血鬼一族』（2005年）
◆『牙は甘くささやく』（2006年）
◆『狼の月』（2006年）
◆『嘆きの堕天使』（2006年）

◆『赤い刻印』（2007 年）

◆『冷たいキスをあたしに』（2007 年）

◆『黄昏は魔物の時間』（2007 年）

◆『ヴァンパイアの花嫁』（2008 年）

◆『夜明けの守護神』（2008 年）

◆『不滅の子』（2009 年）

◆『永遠に抱かれて』（2009 年）

ときめきは続く

　ヤングアダルト市場における超自然的なテーマへの関心の高さはブームになり、しばらくは衰えそうもない。おそらく、こうした多くの超自然的な物語の魅力は、日々のありふれた状況を描きながら、そこへヴァンパイアを登場させることにあるのだろう。新しい物語の筋書きはどんどん拡大していき、超常的な存在の他の領域にまで立ち入りはじめるにつれて、ゾンビ、人狼、妖精、幽霊といった魅力的なキャラクターのスピンオフが人気を博している。だが、その間ずっと、ヴァンパイアがパラノーマルものの最先端に立っていることに、疑いの余地はない。それはおそらく、アンデッドであるヴァンパイアは本質的にセクシーなだけではなく、際限なくセクシーだからだろう。

　ヤングアダルト小説で長く続いているヴァンパイア・シリーズは他にもたくさんあり、それぞれ熱烈な支持者やファンを獲得している。中でも人気の高いシリーズをいくつか挙げておく。

◆ヘザー・ブリューワー『ヴラディミール・トッド・クロニクルズ』

◆エレン・シュライバー『ヴァンパイア・キス』シリーズ

◆レイチェル・ケイン『モーガンビル・ヴァンパイア』シリーズ（The Morganville Vampires series）

- ◆リシェル・ミード『ヴァンパイア アカデミー』シリーズ
- ◆Ｐ・Ｃ・キャスト『ハウス・オブ・ナイト』シリーズ
- ◆メリッサ・デ・ラ・クルス『ザ・ブルー・ブラッド』シリーズ（The Blue Bloods series）
- ◆リサ・ジェーン・スミス『ヴァンパイア・ダイアリーズ』シリーズ
- ◆リサ・ジェーン・スミス『ナイト・ワールド』シリーズ（The Night World series）
- ◆ダレン・シャン『シルク・ドゥ・フリーク』シリーズ（The Cirque du Freak series）
- ◆ラシェル・ワークマン『ブラッド・アンド・スノー』シリーズ（The Blood and Snow series）

わたしはときめいたりしない
……咬むの！！！

——エイミー・マー『牙の掟：
少女のためのヴァンパイアになるための手引き書
（Fangs Rule: A Girl's Guide to Being a Vampire）』

✙ 第9章 ✙

映画のなかの
ヴァンパイア

映画という媒体において、ドラキュラとその同類が絶大な人気を得たのは間違いない。その成功の要因のひとつが1922年の無声映画『吸血鬼ノスフェラトゥ』、1920年代の『吸血鬼ドラキュラ』の舞台化にあり、1950年代と1960年代にはハマー・フィルム・プロダクションズによってレガシーの幕が開いた。

吸血鬼ものの映画

　ホラー映画には、衝撃を与え、ぞっとさせ、叫び、吠え、咬み、姿を消し、飛び、変身するあらゆる存在に対して人間が生来もっている好奇心を刺激する、広範囲な物語が織りなす豊かな歴史がある。映画における特殊効果の技術者の熟達度が高まるにつれて、観客が体験する恐怖もまた強烈なものになり、熱狂的な反応が返ってくるようになった。

最初のヴァンパイア映画の監督

アリス・ギィ゠ブラシェの名を聞いたことがある人はほとんどいない
だろうが、その映画製作者としての先駆的で革新的な業績は伝説
となっている。1894 年から 25 年以上にわたって活躍し、その間
に 700 作品以上の映画を監督し、脚本を書き、プロデュースし
た。多くの人から、映画界初の女性監督と考えられている。1910
年、ギィ゠ブラシェは夫ともうひとりの仲間とともに、当時の最大
の映画製作会社のひとつであるソラックス社を設立した。そして、
1915 年にオルガ・ペトロワ、ヴァーノン・スティール主演の『吸
血鬼(The Vampire)』を監督した。1922 年までにフランスに戻り、
その後の消息は知られていない。それでも、その作品は彼女の才
能と、映画製作史への貢献を証明している。

　ドラキュラを初めてスクリーンに登場させた映画製作者は、ヴァンパイ
アの物語にはさまざまな時代の社会の出来事をあからさまに、あるいは象
徴的に反映する力があるだけでなく、熱心なファンの心を魅了しつづけて
いることに気づいたのだ。

音もなく、恐ろしげに

　ヴァンパイアが初めて銀幕に登場したのは、無声映画の時代だった。こ
の時代は、娯楽と科学技術が革新的な進歩を遂げたばかりでなく、ヴァン
パイアを娯楽の対象とするあらゆる世界の扉を開いた。そして多くの映画
が、沈黙はまさに金であることを証明した。1896 年に製作されたフラン

スの短編映画『悪魔の館』は世界初のヴァンパイア映画と呼ばれる。その
後も多くのヴァンパイアものの無声映画が製作されたが、今も熱狂的な
ファンの間で輝きを放ちつづけているのは、『悪魔の館』だけだ。

吸血鬼ノスフェラトゥ：ブレーメンの災難

　歴史上最も有名で称賛されるヴァンパイア映画は、長い歳月を超えて生
き残った数少ない無声映画のひとつでもある。ドイツで製作され、1922
年に公開された『吸血鬼ノスフェラトゥ』である。原題は「Nosferatu,
eine Symphonie des Grauens（ノスフェラトゥ——恐怖のシンフォニー）」
だが、一般に『ノスフェラトゥ』一語で呼ばれることが多い。有名なド
イツ人監督フリードリヒ・ヴィルヘルム・ムルナウの監督、ヘンリック・ガ
レーン脚本の『吸血鬼ノスフェラトゥ』は、ドイツ表現主義映画（つまり、
極めて主観的な観点に立った映画ということ）で、当時は興味をそそる恐
ろしい映画とされたが、それは今日でも変わらない。

　これはストーカーの『吸血鬼ドラキュラ』を正式な映像化の許可が下り
ないまま映画化したもので、登場人物や舞台は変更され、主要な筋書きは
トランシルヴァニアからドイツのブレーメンに場所を移している。だが、
映画を観ている人にはすぐわかるが、大幅に変更したわけではない。登場
人物の名前はジョナサン・ハーカーはウィリアム・フッターに、ミナ・
マーレイはエレン・フッターに、レンフィールドはノックに、そしてドラ
キュラ伯爵はオルロック伯爵になっている。著作権侵害を避けるための策
略だが、ストーカーの未亡人フローレンスの訴えによる法廷闘争は避けら
れなかった。1925年の判決の結果、映画のネガとコピーはすべて処分さ
れたはずだった。だが、1925年ごろアメリカで最初に上映されたことか
ら、コピーが残っていたことが判明した（その前後の上映では、登場人物
の名前はストーカーの小説通りに戻っている）。そののちこの映画が注目
を浴びることはなかったが、1970年代後半にドイツ人の映画監督ヴェル

ノスフェラトゥ

ノスフェラトゥ（nosferatu）という言葉は、おそらく古代スラヴ語の nosufuratu から進化したと思われるが、ギリシア語で「疫病感染者」を意味する nosophoros に由来があるとする説もある。nosferatu がヴァンパイアを意味するという混乱を招いた原因は、しばしば 1888 年にエミリー・ジェラードが書いたトランシルヴァニアの民間伝承を含めた旅行記にあるとされる。その旅行記は『森の彼方の国（The Land Beyond the Forest）』と呼ばれ、ブラム・ストーカーが『吸血鬼ドラキュラ』執筆のために参考にしたと言われている。ストーカーはこの言葉を「ヴァンパイア」の意味で使った。実際には「疫病感染者」の方が正確だが、民間伝承のなかには、ヴァンパイアを疫病の原因としているものもある。

ナー・ヘルツォークによってリメイクされ、この元の映画はカルト的地位を確立した。

ドラキュラの上演権

　ブラム・ストーカーの小説『吸血鬼ドラキュラ』は出版された直後に早くも初めて舞台化されていたことを知っている人はほとんどいないだろう。脚本はストーカー自身が書いた。残念なことに、劇は大失敗に終わったが、それはひとつには、ビクトリア時代にホラー演劇を上演するのにふさわしい雰囲気をつくり出すのはきわめて困難だったせいもあるだろう。『吸血鬼ドラキュラ』の舞台化は明らかに時期尚早だったので、ストー

ベラ・ルゴシ演じるドラキュラ伯爵

カーの親友であるヘンリー・アーヴィングでさえ勧めなかったと言われている。『吸血鬼ドラキュラ』が初めて金銭的成功を成し遂げるのは、同じアイルランド人の、劇場支配人兼脚本家で俳優のハミルトン・ディーンがこの困難なプロジェクトを引き受けたときのことだ。

　1924年、フローレンス・ストーカーの許可を得て、ディーンはイギリスのダービーにあるグランドシアターで『吸血鬼ドラキュラ』を初めて上演した。この劇では最初はエドモンド・ブレイクがドラキュラ伯爵を、ディーンはヴァン・ヘルシングを演じた。当時の批評家は必ずしも好意的ではなかったが、それは大した問題ではなかった。観客に大受けし、フローレンス・ストーカーもそのひとりだった。このドラキュラの初めての舞台化は重要な意味をもった。ドラキュラがその犠牲者たちと交流するのにふさわしい品格をもつ、貴族の血を引く紳士として登場したからだ。

　アメリカでは、1927年10月にニューヨークのフルトン・シアターで初演された。この上演では、ベラ・ルゴシというほとんど無名のハンガリー人がドラキュラ伯爵を演じた。言うまでもないが、彼は1931年のトッド・ブラウニング監督の長編映画『魔人ドラキュラ』でもドラキュラ伯爵を演じることになる。

『魔人ドラキュラ』

　ブラウニングは生涯で数多くのホラー映画を監督した（『魔人ドラキュラ』の翌年には『フリークス』を監督し、これはこのジャンルで最も評価の高い——同時に最も物議をかもした——映画となった）。だが、彼は1931年にこのジャンルに乗り出したばかりだった。彼が脚本を重視していないのは明白で、小説とは異なる点がかなりあった。それでも、映画は大成功をおさめ、その要因はドラキュラ伯爵役にルゴシを起用したことにあった。彼はすべての年代の人々に、このヴァンパイア・キングのイメージを植えつけた。新聞は観客が恐ろしさのあまり失神したと報じ、映画の

ドラキュラへの支払い

　ベラ・ルゴシは映画でドラキュラ伯爵を演じたいと熱望していたため（ルゴシはそれ以前に舞台で何百回もドラキュラ伯爵を演じていた）、フローレンス・ストーカーとユニバーサル・ピクチャーズとの版権をめぐる交渉で仲介人としての役割を果たした。版権を取得すると、ユニバーサル社は新しく数人の俳優を雇用しようとし、ルゴシは大いに落胆した。監督にトッド・ブラウニングが採用されると、ロン・チェイニーにドラキュラ役を引き受けさせたいと考えたが、彼は1930年に急死した。その後ルゴシが低額な出演料でドラキュラ役を演じることに合意した。7週間の製作期間で、週給はわずか500ドルだった。

　『魔人ドラキュラ』の成功に勢いを得て、ユニバーサル・ピクチャーズは1930年代と40年代にホラー映画の最大手として、『女ドラキュラ』『ドラキュラの息子（Son of Dracula）』『フランケンシュタインの館』『ドラキュラの館（House of Dracula）』などの映画の製作を続けた。だが1950年代後半には、より写実的で新しいヴァンパイア映画が公開されるようになった。その先頭に立ったのが、ハマー・フィルム・プロダクションズだった。

成功に寄与した。

ハマー・フィルム・プロダクションズの ホラー映画

　1913年、ロンドンのハマースミスで、ジェームズ・エンリック・カレラスは初めて列に並んで映画のチケットを購入した。その後ウィリアム・ハインズと連携し、1934年にハマー・プロダクションズを、その1年後には配給会社としてエクスクルーシブ・フィルムズを設立した。ふたりは直ちに映画製作に取りかかったが、第2次世界大戦が始まったために中断し、1945年までエクスクルーシブ社を通じて映画を配給することができなかった。2年後、ハマー・プロダクションズは復活を遂げ、1949年にハマー・フィルム・プロダクションズとなった。

　転機は1957年にやってきた。テレンス・フィッシャー監督の『フランケンシュタインの逆襲』（原作はメアリー・シェリー著『フランケンシュタイン』）を封切り、怪物を創造したフランケンシュタイン男爵をピーター・カッシング、怪物をクリストファー・リーが演じた。その翌年、同じ3人で『吸血鬼ドラキュラ』を製作したが、これはのちに、当時最高のホラー映画プロデューサーとしての地位を固めるために必要とした手段にすぎなかったことが判明した。このふたつの映画はとてつもない成功をおさめ、多くの続編や後続の映画の出発点となった。特に『吸血鬼ドラキュラ』は、映画の製作費の8倍以上もの利益を稼ぎ出したと言われている。『吸血鬼ドラキュラ』とそれ以降のハマー・フィルムの映画はカラーになり、舞台装置に──もちろん血の色にも──迫力が増した。監督はテレンス・フィッシャー、脚本はジミー・サングスター、俳優には間違いなくホラー史上最高の伝説的なコンビであるクリストファー・リーとピーター・カッシングが顔を揃えた。

胸が高鳴るホラー映画

　1960 年代はハマー・フィルムにとって興味深い 10 年となった。1960 年に『吸血鬼ドラキュラの花嫁』がハマー・フィルムの吸血鬼シリーズで最も人気を博した映画のひとつとなったが、この映画は、長身で浅黒く、存在そのものが恐怖を感じさせるクリストファー・リーが出演していなかったため、評価が分かれた。

『吸血鬼ドラキュラの花嫁』に続くヴァンパイア映画としては、ハマー・フィルム初の女吸血鬼が登場する『吸血鬼の接吻』（1963 年）や、『凶人ドラキュラ』（1966 年）、『帰ってきたドラキュラ』（1968 年）がある。『凶人ドラキュラ』では待望のクリストファー・リーが、当たり役のドラキュラ役に戻ってきた。この映画ではリーにはほとんどせりふがなく、「シュー」という音を出すだけだが、リーは再び監督のテレンス・フィッシャー、脚本のジミー・サングスターと組んで、残虐さを内に秘め、たまたま彼の城を訪れた 2 組の夫婦を恐怖に陥れる魔物を演じた。この映画のクライマックスで、ドラキュラは凍りついた川に落ち、避けられない最期

ロン・チェイニーとボリス・カーロフは「ホラー」という言葉が好きではなかった。彼らは──私もそうだが──フランス語の「幻想の劇場」という表現が好きだった。

──クリストファー・リー、イギリス出身の俳優

を迎える。しかしながら、ドラキュラは『帰ってきたドラキュラ』で思わ
ぬ復活を遂げる。司祭が崖から転落して、ドラキュラが眠る川に落ちる。
そのとき司祭が流した血によって、いまわしい悪魔がよみがえるのだ。

　1970年代における、ハマー・フィルムの最初のヴァンパイアものの映
画は、1970年の『ドラキュラ血の味』だ。主演はクリストファー・リーで、
ドラキュラ伯爵の指輪とマント、それに小瓶に詰めた血を手に入れた悪魔
崇拝者のコートリー卿によって、再び恐るべき吸血鬼がよみがえる。映画
では、舞台はビクトリア時代のイギリスに設定され、ビクトリア時代の貴
族階級に焦点を当てている。コートリー卿は邪悪な悪魔を復活させること
に夢中になり、暇をもてあましている仲間をこの計略に引き入れる。3人
の仲間はその計画に怖じ気づき（今さらの感があるが）、コートリー卿を
叩き殺して、逃走する。だが、もはや手遅れで、コートリー卿の死体は
徐々に変化し、ドラキュラ伯爵となって復活する。そして、ドラキュラは
自分の手先を殺した仇を討つと決意し、3人に対しあくなき復讐の炎を燃
え上がらせる。同じ年、リーは『血のエクソシズム／ドラキュラの復活』
でもドラキュラ役を演じた。この度はコウモリが伯爵の不死の灰に血をし
たたらせたためにドラキュラが再びよみがえる。サディスティックなドラ
キュラは村人を苦しめるが、ついに雷に打たれる。

ヴァンパイアのマント

驚くべきことに、『吸血鬼ドラキュラ』の撮影時にクリストファー・リー
が着用したマントが、2007年10月にロンドンの洋装店で見つかっ
た。30年間行方不明だったマントは、リー本人によって本物と証
明され、4万4000ドル以上の値がつけられている。

フィリップ・バーン＝ジョーンズ『吸血鬼』（1897年）

　1970年に、ハマー・フィルムは『バンパイア・ラヴァーズ』も配給した。ジョゼフ・シェリダン・レ・ファニュの『女吸血鬼カーミラ』に大まかに基づいた非現実的でエロティックな物語のなか、イングリッド・ピットがレズビアンのヴァンパイアを演じている。翌年には、『鮮血の処女狩り』が公開され、ピットが恐るべき伯爵夫人エリザベート・バートリ（第12章参照）をモデルにした役で主演した。その後『恐怖の吸血美女』（『バンパイア・ラヴァーズ』の続編）がジミー・サングスターの監督で製作された。1971年には『ドラキュラ血のしたたり』で、ピーター・カッシングがヴァンピリズムの邪悪さを制圧しようとする。この映画もレ・ファニュの『女吸血鬼カーミラ』の設定に基づいている。

　1972年には『吸血鬼サーカス団』が公開された。この映画ではヴァンパイアが疫病のまん延する村への復讐を企てる。そして、『ドラキュラ'72』では、現代的な設定で、クリストファー・リーが6度目のドラキュラ役を、ピーター・カッシングが永遠の敵対者、エイブラハム・ヴァン・ヘルシングを演じた。舞台は20世紀のロンドンで、この映画ではヴァン・ヘルシングの孫娘ジェシカが初めて登場した。ジェシカはリーの最後のドラキュラ映画、1973年の『新ドラキュラ／悪魔の儀式』にも登場する。『新ドラキュラ／悪魔の儀式』のあと、リーはハマー・フィルムの最も有名な分身に別れを告げた。1974年に『吸血鬼ハンター』を公開すると、ハマー・フィルムズは、ゴシックホラーの時代は終わったことを悟り、ヴァンパイア映画の製作を終了した。

よみがえるヴァンパイア

　ハマー・フィルムの撤退による空白はすぐに埋められた。コメディ、SF、西部劇など、さまざまなジャンルがヴァンパイア映画に参入してきたのだ。また、60年代と70年代にはテレビでヴァンパイアもののドラマが放映されはじめた。『ダーク・シャドウ』シリーズや、1979年のジャッ

ク・パランス主演『狂血鬼ドラキュラ』のようなテレビ映画が放映された。
　このように、ヴァンパイアは直接人々の居間に忍びこみつつあった——
そして、視聴者もそれを歓迎した。『ハンガー』（1983年）のカトリーヌ・
ドヌーヴ演じるエジプト人のヴァンパイアとして、『ロストボーイ』（1987
年）の騒々しい10代のグループ、『ブレイド』（1998年）という名の吸血
鬼ハンターとして、『インタビュー・ウィズ・ヴァンパイア』（1994年）
のレスタトとして、そして、『ドラキュラ』（1992年）のゲイリー・オー
ルドマン演じるヴラド・ツェペシュとして、ヴァンパイアはあらゆる姿、
性別、体格で画面に現れた。
　1980年代のヴァンパイア映画のなかで、つねに人気映画のランキング
に入っている作品はいくつかある。ジム・キャリー主演の1985年公開の
コメディ『ワンス・ビトゥン〜恋のチューチューバンパイア〜』、同じく
1985年公開のジェフ・ゴールドブラム主演のパロディ映画『突撃バンパ
イア・レポーター／トランシルバニア6-5000』、恐ろしい南部のヴァンパ
イアの一団が登場する1978年公開のキャスリン・ビグロー監督『ニア・ダー
ク／月夜の出来事』などである。そのなかで1987年に興行的に大成功を
収めたのが、ジョエル・シュマッカー監督の『ロストボーイ』だ。これは
どう見てもドラマというよりコメディで、「世界の殺人の中心地」という
あだ名がある海沿いの小さなコミュニティで、10代のヴァンパイアが10
代のヴァンパイア・ハンターに立ち向かうという映画だ。間違いなくカル
ト好みの映画で、興行収入は3200万ドルを超えた。
　21世紀に入ると、このジャンルには以下のような注目すべき作品が登
場した。

◆『ヴァンパイア・ハンター』（2001年）
◆『ヴァン・ヘルシング』（2004年）
◆『アンダーワールド』（2003年）
◆『ブラッドレイン』（2006年）

◆『渇き（The Thirst）』（2006 年）

◆『30 デイズ・ナイト』（2007 年）

◆『美しき獣』（2013 年）

前進か後戻りか

　1990 年代には、ヴァンパイア映画のジャンルを活気づける重要な試みとなる、2 本の映画が製作された。1 つは吸血鬼のレジェンドの中でも最も有名な作品からインスピレーションを得たために、後戻りしたように見える映画で、もう 1 つはより現代的な手法の映画だ。

　フランシス・フォード・コッポラ監督の 1992 年版『ドラキュラ』はストーカーの傑作小説に忠実で配役もすばらしく、品格があって重厚な作品だ。ヴラド公役で卓越した演技を見せたゲイリー・オールドマンは、銀幕を彩った歴代のヴァンパイア役の中でも最高の俳優のひとりだ。

　この物語は 1462 年のトランシルヴァニアから始まり、ドラキュラ伯爵（実際はヴラド・ツェペシュ）は最愛の妻を亡くして悲しみに暮れる。その後、映画の舞台は 1800 年代に移り、ヴァンパイアはジョナサン・ハー

レスタトの配役

　1976 年にアン・ライス著『夜明けのヴァンパイア』が出版されて以来、レスタトの配役は議論の的だった。1970 年代後半には、この映画の主演男優として、ジョン・トラボルタの名前が挙っていた。ライス自身は長年の間に、ルトガー・ハウアー、ジェレミー・アイアンズ、ダニエル・デイ＝ルイスを考えていた。ジョニー・デップにもこの役のオファーがあったと言われている。

カー（キアヌ・リーブス）を城に幽閉し、ハーカーの婚約者でヴラド公の
最愛の妻エリザベータの生まれ変わりであるミナに会うため、ロンドンへ
向かう。映画の進行につれ、ヴラドは伝統的なストーカーの吸血鬼の特徴
を帯びていき、名優アンソニー・ホプキンス演じるヴァン・ヘルシング
教授と知恵比べをすることになる。もう1つ注目してほしいのは、レン
フィールド役のトム・ウェイツの演技があまりに過小評価されていること
だ。その驚くべき外見、緊張をはらんだ筋書き、一連のアクション場面、
強い渇望を感じさせる彼の演技があるからこそ、この映画は多くの人か
ら、小説『吸血鬼ドラキュラ』の映画化の決定版だと見なされた。

　2年後の1994年、長い間映画化が待ち望まれていた、もう1つのヴァ
ンパイア映画がついに完成した。アン・ライスのベストセラー小説が原作
の『インタビュー・ウィズ・ヴァンパイア』である。配役をめぐり、原作
者と製作サイドの間に一大論争が巻き起こったが、カリスマ性のあるレス
タト役はトム・クルーズに決まった（レスタトの弟子ルイ役にはブラッド・
ピット）。論争の大部分は、最初に配役が発表されたときにライス自身に
よって公にされた。だが、完成した映画を観たのち、ライスは自分のコメ

　　ああ、レスタト、お前は自分の
してきたことに対して当然の報
いを受けてきたのだ。死ななく
て幸いだった。まず地獄行きは
間違いないだろうからな。

　　　　──アン・ライス『ヴァンパイア・レスタト』（柿沼瑛子訳より）

ントを撤回した。画面に現れたのは、なまめかしい——必ずしも正確な表現ではないが——レスタトそのものだった。この映画はほとんどが原作に忠実で、レスタトの傲慢さとルイの沈痛な面持ち、それにこのふたりの養女となったキルステン・ダンスト演じるクローディアの邪悪な表情が見事にマッチして、相乗効果を上げている。

ヴァンピリズムとコメディ

　すべてのヴァンパイア映画が真面目なものというわけではない。『プラン9・フロム・アウタースペース』や奇妙な映画『原子力時代のヴァンパイア（Atom Age Vampire）』などはとても真面目にやっているとは思えないが、幸いなことに、ヴァンパイア映画が真面目なものである必要はないのだ。

　数十年にわたり、多くの映画製作者はヴァンパイアもののコメディ映画の製作を試みてきた（不本意ながらコメディになってしまったという場合は除く）。いくつか比較的知られているコメディ映画を挙げておく。

- ◆『ドラキュラ苦難の時代（Tempi duri per i vampiri aka Hard Times for Dracula）』（1959年）
- ◆『吸血鬼』（1967年）
- ◆『処女の生き血』（1974年）
- ◆『ヴァンパイラ（Vampira）』（1974年）
- ◆『ドラキュラと息子（Dracula and Son）』（1976年、クロード・クロッツの小説『パリの吸血鬼』に基づく）
- ◆『ワンス・ビトゥン〜恋のチューチューバンパイア〜』（1985年）
- ◆『霊幻道士』（1985年）
- ◆『私、ヴァンパイアと結婚したの（I Married a Vampire）』（1987年）
- ◆『おじいさんはヴァンパイア（My Grandpa Is a Vampire）』（1992年）

◆『イノセント・ブラッド』（1992年）

◆『ヴァンパイア・イン・ブルックリン』（1995年）

◆『カーミラ（Karmina)』（1996年）

◆『ボーデロ・オブ・ブラッド／血まみれの売春宿』（1996年）

　このジャンルで最も成功したのは1992年公開の、チアリーダーがヴァンパイア・ハンターになるというストーリーの『バッフィ／ザ・バンパイア・キラー』と、『ドラキュラ都へ行く』（1979年）だ。

『ドラキュラ都へ行く』

　多くの人が、間違いなくヴァンパイア映画のパロディの最高傑作だと考えるのが、浅黒い肌の俳優ジョージ・ハミルトンが主役を演じた『ドラキュラ都へ行く』だ。ハミルトンは、先祖代々の城を追い出され、現代のニューヨークに溶けこもうとする吸血鬼を、大げさに演じてみせた。この映画は古い時代のヴァンパイア映画を、現代的な切れ味で再生させようと試みたものだ。ヴァンパイア映画のファンなら、ハミルトンが常夜灯のついた棺の中へ帰っていくシーン、あるいは彼が訛りの強い英語で、「ほら、お聞きなさい——夜の子らが騒いでおる」といった有名なせりふを話す

他の女の子たちがバレリーナになりたいと言っていたとき、わたしはどちらかと言えばヴァンパイアになりたかった。

——アンジェリーナ・ジョリー、アメリカの女優

シーンが忘れられないだろう。

『キャプテン・クロノス　吸血鬼ハンター』

　90年代にはカルト好みの映画がもう1作登場した。ヴァンパイア・ハンターを新しい切り口で描いた1974年公開の『キャプテン・クロノス吸血鬼ハンター』で、後の映画の基準を定めた。さっそうとしたドイツ人俳優ホルスト・ヤンソンが温厚で紳士的なキャプテン・クロノスを、ジョン・カーターが相棒のせむし男のグロスト教授を演じている。この映画がなぜこれほど面白く、記憶に残るものになったかというと、ブライアン・クレメンス監督がさまざまな映画ジャンルを融合しているからだ。伝統的なミステリー、ロマンス、SF、モンテ・クリスト伯風の剣術といった要素がお決まりの筋書きのなかに織りこまれており、一種の西部劇のような仕上

『シャドウ・オブ・ヴァンパイア』

　2000年、ヴァンパイアの熱烈なファンは『シャドウ・オブ・ヴァンパイア』を楽しんだ。この映画は、1922年の無声映画の名作『吸血鬼ノスフェラトゥ』に敬意を表したものだ。『シャドウ・オブ・ヴァンパイア』では、ウィレム・デフォーがマックス・シュレック役を演じた。シュレックは『吸血鬼ノスフェラトゥ』でオルロック伯爵を演じた俳優で、『吸血鬼ノスフェラトゥ』の撮影中にあったと言われる、監督のF・W・ムルナウ（ジョン・マルコヴィッチが適切な不気味さを出して演じている)との人間関係の確執が描かれている。デフォーの演技はすばらしく、アカデミー賞助演男優賞にノミネートされた。

がりになっている。

　日光の影響を受けないために、社会に溶けこむことができるヴァンパイアを追跡することになったクロノスは、地元の村人を全滅しかねない人物の調査を始める。注目すべきは、監督のクレメンスが 1960 年代の大ヒットシリーズ『アベンジャーズ』の脚本を書き協力プロデューサーを務めたことだ。それがこの映画の遊び心にあふれた筋書きと、クロノスが演じるユーモアたっぷりのキャラクターに色濃く影響を与えている。ヴァンパイアの真の熱烈なファンにとって、『キャプテン・クロノス　吸血鬼ハンター』は必見だ。

　21 世紀に入ると、女性のヴァンパイアを主役にした映画が登場した。2003 年の『アンダーワールド』とその続編の『アンダーワールド：エボリューション』（2006 年）、『アンダーワールド　ビギンズ』（2009 年）、『アンダーワールド　覚醒』（2012 年）では、ケイト・ベッキンセールが反抗的な処刑人セレーン<ruby>処刑人<rt>デス・ディーラー</rt></ruby>に変身し、人気スターとなった。このシリーズはヴァンパイア族とライカン族（人狼）の何百年にもわたる戦いを描いている。ベッキンセールはレザーの衣装を身につけ、銃をもつセクシーな新世代のヒロインを演じた。

　明らかに未来的な SF 傾向はあるが、ミラ・ジョヴォヴィッチも同じように、2006 年に『ウルトラヴァイオレット』という大作に挑んだ。映画のなかでは、ヴァイオレットは 21 世紀末の全体主義政府と、細菌戦争の実験の結果、ヴァンパイアのようになる病気に感染した人間たちとの間の激しい戦いのなかで孤立していた。劇画のようなスタイルで、原色で、映画『マトリックス』や『イーオン・フラックス』タイプの雰囲気で、『ウルトラヴァイオレット』は当時の最も新鮮で、頭がクラクラするような映画だった。

　また、2007 年の『30 デイズ・ナイト』には、恐ろしいがとてもセクシーとは言えないヴァンパイアが登場する。映画は、「冬の間太陽が出ない極夜が 30 日間続く北極圏の町で、何が起こるのか？」という興味深い前置

月の女神

ギリシア神話では、セレーン（セレーネ）は月の女神として描かれ、人生の豊かさを表す。セレーンはまた、フランスの小説家で劇作家のポール・フェヴァルの 1874 年の小説『町の吸血鬼（La Ville Vampire)』に出てくるヴァンパイアの名前でもある。この小説は、有名なゴシック小説家アン・ラドクリフ率いるヴァンパイア・ハンターの一団を描いている。

きから始まる。その答えは、無情な暴力だった。村人を皆殺しにするとい
う明確な目的をもった冷酷な吸血鬼の一団がやってきたのだ。

　2008年には、ステファニー・メイヤー原作のベストセラー小説『トワ
イライト』が映画化された。このシリーズは以下の通りだ。

　◆『トワイライト〜初恋〜』（2008年）
　◆『ニュームーン／トワイライト・サーガ』（2009年）
　◆『エクリプス／トワイライト・サーガ』（2010年）
　◆『トワイライト・サーガ／ブレイキング・ドーン』（2011年）

　このシリーズの興行収入は華々しいものだったが、批評家の反応はおし
なべて否定的だった。映画化によってこのシリーズの新しいファンは大幅
に増えたが、批評家の「たわいもないストーリーで、ヒロインは凡庸で、
ヴァンパイアもヴァンパイアらしくなくてばかげている」という意見を裏
付ける結果となった。それでも、『トワイライト』シリーズの小説と映画
は、ヴァンパイアへの関心を生み出しつづけている。

第 10 章

テレビのなかの
ヴァンパイア

ヴァンパイアものの映画にとてつもなく豊かな歴史がある
のを見ても明らかなように、ヴァンパイアは視覚メディア
に適している。ヴァンパイアが登場するテレビドラマはい
つの時代も存在したが、長続きする熱心なファンが増えは
じめたのはここ数十年のことだ。本章では、ゴールデンタイムの超自然的
な存在に注目し、毎週私たちをうっとりさせるテレビ画面の魅力的なヴァ
ンパイアたちを紹介したい。

初期のテレビにおけるヴァンパイア

　これまで章で見てきたように、ヴァンパイアは銀幕に、無声映画時代か
ら始まるレガシーとともに、数多くの傑出した足跡ならぬ咬み跡を残して
きた。そのため、テレビ時代の到来とともに、そのような傑作映画が家族
の集まる居間で見られるようになっただけでなく、ヴァンパイアがテレビ

画面に登場する機会もさらに増えた。テレビでヴァンパイアを見る人が増えるにつれて、テレビ番組製作担当者の側も、どうすればより多くの大衆にこのヴァンパイアを見せられるかと、漫画からテレビ映画、週一の連続ドラマ、果てはソープオペラまで、あらゆる形式を使って策略をめぐらせるようになった。実際、テレビ画面のヴァンパイアがいかに魅力的なものかを視聴者に知らしめたのは、ソープオペラだった。だが、視聴者が最初にテレビドラマのヴァンパイアに親しみを覚えたのは、『マンスターズ』というコメディに描かれたキテレツな一家だった。

『マンスターズ』

　1964年は、それまでで最も並外れて伝説的な2つの家族が、テレビ画面に登場した年となった。エキセントリックで不気味な『アダムス・ファミリー』と、愛嬌たっぷりの家族『マンスターズ』だ。昔の映画の特に秀逸な登場人物やコンセプトをもじることによって、ホラーというジャンルに敬意を表しながら、2つの家族は視聴者に2年間にわたって確実に笑いを与えつづけ、ほとんどの人が恐ろしいと感じるものを新しいユーモアとして認識させた。徐々に大衆をヴァンパイアに慣れさせ、主要な登場人物として受け入れさせるという重要な役割を『マンスターズ』が果たしたのは間違いない。フレッド・グウィン、イヴォンヌ・デ・カーロ、アル・ルイス、バッチ・パトリック、パット・プリーストといった俳優たちが、フランケンシュタイン、ドラキュラじいさんと娘、人狼の息子、完璧な人間の姪などに扮して素晴らしいドラマを見せてくれた。
『マンスターズ』一家が一堂に会した「1313 モッキングバード・レーン」にある薄気味悪い住居には、モンスターたちが望むすべてのものが揃っていた。コウモリのように天上の梁からぶら下がっているドラキュラじいさん、ペットのコウモリのイーゴリ、ドラゴンのスポット、それに「ドラグーラ」という名の車まであった。伝説的なドラキュラ伯爵を演じたジョ

ン・キャラダインも、父親ハーマンの勤務先である葬儀場の上司役で何度かゲスト出演した。さらに愉快なのは、番組のオープニングでハーマンの妻リリーが当時の人気ホームドラマ『ドナ・リード・ショー』のオープニングのパロディを演じて、マンスター一家が他の赤い血の通った家族と何ら変わりがないことをアピールしたことだ。『アダムス・ファミリー』と同様、このシリーズも２年間しか放映されなかったがテレビ界に不滅の足跡を残し、現在も再放送されている。さらに驚くべきことに、ハーマン・マンスター氏は、2004 年 6 月発行の『ＴＶガイド』誌の「史上最高のテレビの父親 50 人（The 50 Greatest TV Dads of All Time）」の 19 位にランクインした。

『ダーク・シャドウ』

　1966 年、テレビの視聴者は新しいタイプのヴァンパイア、不吉な過去が黒っぽい色のコートのように彼を包んでいる、より暗く、ドラマティックなヴァンパイアに出会うことになった。その名はバーナバス・コリンズで、ゴシック・ソープオペラ『ダーク・シャドウ』のスターだ。もちろん、当時ソープオペラは絶大な支持を得ていて、ファンたちは俳優ひとりひとりの言葉、行動、インタビュー、イベントへの登場に注目した。しかしながら、『ダーク・シャドウ』は視聴者を増やすことに苦戦し、6 カ月後に打ち切りの危機に見舞われる。視聴者は、この番組の不気味なゴシックの要素には魅力を感じたが、ヒロインであるヴィクトリア・ウィンターズ（アレクサンドラ・モルトケが演じた）の苦難には興味を示さなかった。ヴィクトリアはメイン州コリンズポートのコリンズ一家の家庭教師をしながら、自分の生い立ちを知る手がかりを探していた。

　この時点で、番組のプロデューサーと脚本家は一計を案じた。彼らのコリンウッド邸に現れた盗人が鎖のついた棺が安置された秘密の部屋を見つける。鎖をはずして後ろへ放り投げると、棺の蓋が開き、長くて細い手

『ダーク・シャドウ』でバーナバス・コリンズを演じるジョナサン・フリッド（1968年）

が伸びて盗人の首をつかむ。200年間眠っていたヴァンパイア、バーナバス・コリンズが目覚めたのだ。まだ番組は始まったばかりで、脚本家は好きなだけ幽霊、魔女、人狼を登場させることができた。だが、超自然的な登場人物のなかで、バーナバスがずば抜けた人気を維持した。

　1966年6月から1971年4月まで、平日の午後にABCで放映されたオリジナルの『ダーク・シャドウ』は、現在に至るまでインターネットのファンサイト、ファンクラブ、ファンの集い、イベント、ＣＤオーディオ・ドラマ、ＤＶＤ、再放送、それに長編映画2作品——1970年の『血の唇』と1971年の『血の唇2』を通して、その人気は不滅である。このシリーズからは、さらに短期間のテレビドラマのリメイク版、漫画、多数のノベライズ小説も生まれている。

『ダーク・シャドウ』はライブ録画（時には思いがけない面白いハプニングが撮れる）形式をとっていたので、現代のメイン州コリンズポートから1700年代の植民地時代のルーツまで、キャラクター・アーク（登場人物の心境の変化）、タイムトラベル、降霊会、異世界、幽霊、魔女、人狼、

ダーク・スキャンダル

　『ダーク・シャドウ』でヴィクトリア・ウィンターズを演じたアレクサンドラ・モルトケは、イギリスの社交界の有名人クラウス・フォン・ビューローと不倫をして、実生活でもダークなドラマに巻きこまれた。1982年フォン・ビューローは、おそらくモルトケと結婚するために妻を亡き者にしようとして、妻のサニーの殺害を図った罪で起訴され、有罪判決を受けた。フォン・ビューローは上訴し、最終的に無罪になった。

そして夢と空想を複雑に重ね合わせながら物語が進んでいった。1200 話におよぶ筋書き全体を通して、関わった俳優たちは複数の役割――多くは自分の祖先――を演じて、メロドラマらしく盛り上げようと力の限りを尽くした。このシリーズで画期的な出来事だったのは、テーマ音楽を作曲したロバート・コバートの不気味なサウンドトラックが 1969 年度「ビルボードトップ 20」にランクインし、そのうちの 1 曲がグラミー賞にノミネートされたことだ。

帰ってきた『ダーク・シャドウ』

『ダーク・シャドウ』は 1971 年に終了したが、熱狂的なファンは執拗に続編を要求した。この番組は 1975 年に一部がシンジケートされ、1990 年まで放映された。その後の 3 年間はサイファイというテレビ局から全エピソードが放映された。放映終了から 20 年後の 1991 年には、NBC が短期間のリメイク版をゴールデンタイムに放映した。監督はこのときもダン・カーティスで、バーナバスはベン・クロス、他にジーン・シモンズ、リセッ

チャーリーズ・ヴァンパイア

　　『ダーク・シャドウ』を足がかりに、何人かの俳優がテレビでのキャリアを築きはじめた。初代『チャーリーズ・エンジェル』のケイト・ジャクソンもそのひとりだ。ジャクソンは 1970 年から 1971 年まで、『ダーク・シャドウ』の 70 話でダフネ・ハリッジ役を演じた。また、『ダーク・シャドウ』でパターソン保安官を演じたダナ・エルカーは、1985 年開始の人気のテレビドラマ・シリーズ『冒険野郎マクガイバー』のピーター・ソーントンが当たり役だ。

ト・アンソニー、それに 1960 年代の絶叫クイーン、バーバラ・スティールが出演した。多額の予算をかけた週一回のシリーズだった。だが、この放映はタイミングが悪かった。湾岸戦争の報道のために放送中止や放映日の変更が相次ぎ、わずか 12 話で打ち切りとなった。

テレビ画面のヴァンパイア

　数十年の間に、1966 年のコメディ『マンスター、故郷へ帰る（Munster, Go Home!）』から『ママがヴァンパイアとデートした（Mom's Got a Date with a Vampire)』(2000 年）まで、何十ものさまざまなヴァンパイアもののテレビ映画が誕生した。テレビ画面にヴァンパイアが登場することなしに 1 週間が終わらないと言えるほどだった。すべてのジャンルと同様に、ヴァンパイアもののテレビ映画でも、模造ダイヤの山の中にいくつか本物

『ダーク・シャドウ』の再帰還

　　俳優のジョニー・デップは子供のころ『ダーク・シャドウ』を夢中になって観ていた。2007 年にワーナー・ブラザーズが映画化権を獲得したとき、デップは友人のティム・バートンを監督をやるよう説得した。その成果が 2012 年の『ダーク・シャドウ』で、バーナバスをデップが、エリザベス・コリンズ・ストッダードをミシェル・ファイファー、ジュリア・ホフマン博士をヘレナ・ボナム＝カーター、ヴィクトリア・ウィンターズをベラ・ヒースコート、そして、バーナバスをヴァンパイアに変える 18 世紀の魔女アンジェリーク・ブシャールをエヴァ・グリーンが演じた。

バーナバス：恐れるでない。女への求愛術が知りたい。この時代……この国の。それにはお前の年頃の女が一番だ。ところで年は？

キャロリン：15 よ。

バーナバス：15 で未婚とな。今すぐ子供を作らぬと──お前の畑は不毛と化してしまうぞ。

キャロリン：ヘンな奴。

──『ダーク・シャドウ』、2012年

の宝石が隠れている。

『事件記者コルチャック』

　宝石として紹介したい最初の作品は、1972 年に製作された単発の異色のテレビ映画『魔界記者コルチャック／ラス・ベガスの吸血鬼』だ。これが評判になって、のちに大人気の深夜のテレビドラマ・シリーズが製作されることになる。このテレビ映画では、ダーレン・マクギャヴィンが主役のカール・コルチャック役を演じた。果敢だがヘマが多く、それでも執拗に事件を追う新聞記者で、まるで腐敗しつつある死体がヴリコラカス（人狼）を引き寄せるように、超自然的な魔物を引き寄せてしまう。ジェフ・ライスの未出版原作をもとに、『地球最後の男』の著者リチャード・マシスンが脚本を書き、『ダーク・シャドウ』の製作者ダン・カーティスが監

督したテレビドラマには「The Night Stalker（夜にこっそり追跡する者）」というどんぴしゃりのタイトルが付けられ（主役と敵対者の両方を指しているのは間違いない）、ABC に大成功をもたらした。ドラマの中でコルチャックは、ラスベガスをうろついて、20 人の若い女性の血を吸いつくしていた古代のルーマニアのヴァンパイア、ヤーノシュ・スコルツェニーと対決することになり、最後にはコルチャックが杭を打ちこんで退治する。

　1973 年には、マクギャヴィン、カーティス、マシスン、ライスという同じ顔ぶれで、再びコルチャックもののテレビドラマ『魔界記者コルチャック／脳髄液を盗む男』が製作された。1974 年には深夜のテレビドラマ・シリーズ『事件記者コルチャック』の放映が開始された。その第 3 話『闇に牙をむく女吸血鬼』は、72 年の最初のテレビ映画『魔界記者コルチャック／ラス・ベガスの吸血鬼』の続編になっていて、売春婦となってラスベガスで狼藉をはたらく女吸血鬼とコルチャックが対決して、ヴァンパイア・キラーとしての腕をふるう。このドラマは、原作のライスとの確執のために 20 話で打ち切りとなったが、熱心なファンを獲得した。2005 年 9 月には、ABC でリメイク版『ナイト・ストーカー』が放映されたが、このドラマでは、『クイーン・オブ・ザ・ヴァンパイア』（『インタビュー・ウィズ・ヴァンパイア』の続編）でレスタト役を演じたスチュアート・タウンゼントが主役のコルチャックを演じた。だが、残念なことに、わずか 6 話で打ちきりとなった。コルチャックなら、おそらく真実は明らかにしない方がいい場合もあると言うだろう。

ドラキュラの帰還

　テレビのヴァンパイア王国におけるもうひとつの輝かしい名作は、1973 年にジャック・パランスがマントと牙を身につけてドラキュラを演じた『狂血鬼ドラキュラ』だ。これはブラム・ストーカーの小説をもとに、監督ダン・カーティス、脚本リチャード・マシスンと、『事件記者コルチャッ

ク』と同じ顔ぶれで製作された。伝
説の吸血鬼を演じたパランスは、多
くの人々から、最高のドラキュラ役
者のひとりと評された。その強面と
がっしりした体格が渋いくぐもった
声と相まって、押し出しのいい、存
在感のあるドラキュラを生み出し
た。多くの俳優がドラキュラを演じ

ているが、ここまでドラキュラという人物を表現できるのはごく少数の人
だけだ。

　1977 年、有名なフランス人俳優ルイ・ジュールダンが主演した『吸血
鬼ドラキュラ（Count Dracula）』がテレビ画面に登場した。これは BBC
の『グレート・パフォーマンス』シリーズのために制作され、ブラム・ストー
カーの伝説的小説に、それまで映像化されたものよりさらに忠実に従った
ものだ。1979 年の映画ではフランク・ランジェラがドラキュラ伯爵を見
事に演じたが、ジュールダンもドラキュラ伯爵の心情の機微を表現した。

ヴァンパイアものは面白い

　1979 年のゴールデンタイムには、スティーヴン・キングの『呪われた
町』のドラマ版『死霊伝説』も放映された。主な出演者はデヴィッド・ソ
ウル、ジェームズ・メイソン、ランス・カーウィンで、スティーヴン・キ
ング原作のホラー映画の多くがそうであるように、ヴァンパイアもののな
かでカルトファンの支持を集めた。

　1989 年は、ダーク・コメディ『ストレンジャー・ザン・バンパイア』
でベン・クロスが棺の中に入り、マリアム・ダボ演じるヴァンパイアのア
ンジェリクに対して、ヴラド公を演じた。コメディ・バラエティ番組『サ
タデー・ナイト・ライブ』でエミー賞を受賞した放送作家アン・ビーツが
脚本を書いた娯楽番組で、アンジェリクがヴラドを振り、メキシコシティ

牙の変遷

長年の間に、ゴールデンタイムに放映されたテレビドラマで、高い評価を受けたものの多くが、ヴァンパイアをレパートリーにしている。『ヒッチコック劇場』、『四次元への招待』、『ハリウッド・ナイトメア』、『フロム・ザ・ダークサイド』、『トワイライト・ゾーン』、『コードネーム U.N.C.L.E.』、『刑事スタスキー＆ハッチ』、『ハーディボーイズ／ナンシードルー』、『25 世紀の宇宙戦士キャプテン・ロジャース』、『CSI: 科学捜査班』、『サブリナ』、『X- ファイル』、『女検死医ジョーダン』にはすべて、不死のアンデッドが登場する。

で 100 年の眠りから目覚めると、ヴァンパイアは単なる「病人」と考えられていたという筋書きだ。もちろん、医者と恋に落ちることによって三角関係が生じて、実に楽しい展開になっている。

ゴールデンタイムのヴァンパイア

　ヴァンパイアの性質——特に血に飢える性癖、エロティシズム、殺人——を考えると、この夜の魔物がなぜテレビの検閲をパスすることが難しかったかは容易にわかる。『ダーク・シャドウ』の他にも、いくつかのドラマシリーズが墓からよみがえり、つかのまの成功をものにした。その中には『ドラキュラ：ザ・シリーズ（Dracula: The Series）』（1990 年）、『キンドレッド／狼の血族』（1996 年）、それと最近では 2007 年に 1 シーズンだけ放映された、ヴァンパイアの私立探偵が主役の『ムーンライト（Moonlight）』がある。

だがそれまでにも、ヴァンパイアを主役として大成功をおさめ、その登場人物がテレビ史に永遠に名を残しそうなテレビドラマがいくつかある。

『フォーエバー・ナイト（Forever Knight)』

1989 年、CBS はテレビ映画『ニック・ナイト（Nick Knight)』を製作し、視聴者はそれまで見たことのない、ヴァンパイアであることが不本意な、悩めるヴァンパイアを目にすることになった。この映画では、ミュージシャンで、テレビドラマ『ジェネラル・ホスピタル』で憧れの的だったリック・スプリングフィールドが 400 歳のヴァンパイアを演じた。ロサンゼルスで多くの被害者が血を吸いとられるという凄惨な殺人事件が発生し、それを解決する刑事という設定だ。1992 年には、この映画のパイロット版が『フォーエバー・ナイト（Forever Knight)』という深夜のテレビシリーズとしてリメイクされた。このシリーズでは、ウェールズ生まれの愛嬌のあるカナダ人俳優ジェラント・ウィン・デイヴィスが、主役の殺人課刑事

ドクター・フーとヴァンパイア

大西洋の向こうでは、長期にわたって続いているSFシリーズ『ドクター・フー』が、2010 年のエピソード『ベネチアの吸血鬼（The Vampires of Venice)』でヴァンパイアを登場させた。ドクターとコンパニオンが 16 世紀のヴェネチアへ旅をし、ほとんどが女性のヴァンパイアである集団と遭遇し、真相解明に乗り出す。最後には、ヴァンパイアは異星人だったことが判明し、ドクターがいつもの創意工夫と厚かましさでヴァンパイアたちに立ち退くよう説得し、成功する。

ニック・ナイトを演じた。カナダのテレビ局が製作したため、舞台がカナ
ダのトロントになったこと、ニックが800歳であることなど、パイロッ
ト版とは異なる点がいくつかあるが、それはニックが自分の邪悪な過去を
克服して、ヴァンピリズムから抜けだそうと努力を続けるなかで感じる極
度の不安を強調する効果があった。病理学者でニックの親しい人間の友人
のナタリー・ランバート（キャサリン・ディッシャー）が彼の支えになるが、
ニックのヴァンパイアの友人で元恋人のジャネット（デボラ・デュシェー
ヌ）と対立する。

『フォーエバー・ナイト』の3シーズンにわたる物語を複雑にしているの
は、ニックをヴァンパイアにした張本人の、きわめて冷静で途方もなく邪
悪なルシアン・ラクロワだが、この役をナイジェル・ベネットが見事に演
じている。ラクロワは2000歳の元古代ローマ帝国の将軍で、ヴェスヴィ
オ山が噴火したときにヴァンパイアになった。彼は罪の赦しと人間への復
帰を求めるニックをあからさまに軽蔑する。それにより、ヴァンパイアの
能力は誤った使い方をされているが、正しく使えばより良い社会を創造す

結集するファン

『フォーエバー・ナイト』のファンは、この上なく献身的で熱烈だ
と言われている。熱心なファン層のおかげで、このシリーズが打ち
切りから救われたことも1度ならずあった。1995年には、「フォー
エバー・ナイトの友人たち」と名づけたロビイストのグループが、
番組の存続を全米テレビ番組制作経営者協会にまで訴えに訪れ
た。協会はそのプロ意識とこのシリーズを救おうとする努力に大い
に驚くとともに、感銘を受けたという。

ヴァンパイアが女性にとってセク
シーな存在なのは、おそらく白馬
に乗った王子が自分をさらって、
楽園へ連れて行ってくれるという
ものと同様の幻想を抱かせてくれ
るからだろう。

——フランク・ランジェラ、アメリカの俳優

るために役立つことを見事に表現している。伝統的な多くのヴァンパイアと同様に、『フォーエバー・ナイト』のヴァンパイアたちは超人的な体力、催眠術の能力、高度な感覚をもち、通常は日光と杭を打たれることを嫌悪する。また、空中を飛び、とてつもない速さで移動し、体の組織を再生させる能力がある。

『フォーエバー・ナイト』がすべての熱烈なヴァンパイアファンの心をとらえたのは、さまざまな愛と憎しみの三角関係やヴァンパイアの敵対者の存在に加えて、ニックとラクロワの間の継続的な交流ではないだろうか。ラクロワは人間を小ばかにしていて、アルバイトで「夜に徘徊する者」という名で深夜のラジオ番組のホストをしていた。ニックは血を求める本能と激情をコントロールしようと戦い、深く苦悩していたが、ラクロワが放送で語ったことが、ニックの心に光明を投じたのは間違いない。1228 年にラクロワによってアンデッドの世界に引き入れられたニックことニコラス・ドゥ・ブラバントは、これまでテレビ画面に登場したなかで最も印象的なヴァンパイアのひとりだ。

『バフィー　〜恋する十字架〜』

バレーガールがヴァンパイア・ハンターに変身するとなると、頭に浮かぶ名前はただひとつ、バフィーだ。1992 年、脚本家のジョス・ウェドンは、長編映画『バッフィ／ザ・バンパイア・キラー』で、自分のことしか考えられない、浮ついたショッピング好きのチアリーダー、バフィー・サマーズを世に送り出した。この映画では、キュートで女っぽいクリスティ・スワンソンと、ドナルド・サザーランドが主役を演じ、邪悪なロトスにはルトガー・ハウアーが起用された。この映画は、興行収入こそ成功をおさめたが、ウェドンは失敗作ととらえていた。彼はハイスクールを舞台にしたホラーもののドタバタ劇ではなく、モンスターをやっつける、とてつもなく強い女性を映像化したいと考えていたのだ。

5 年後の 1997 年、ウェドンはエグゼクティブ・プロデューサーとして、

テレビドラマ・シリーズ『バフィー 〜恋する十字架〜』を製作するチャンスをつかみ、このシリーズは小規模な WB ネットワークで放映された。エミー賞も受賞した第 7 シーズンまでのシリーズでは、バフィー（サラ・ミシェル・ゲラー）は心身ともに強化され、故郷のカリフォルニア州サニーデールであらゆる魔物や吸血鬼を倒していく。そしてさらに、サニーデール・ハイスクールのヘルマウス（地獄の口）に狙いを定める。

　このしゃれたコメディ、ドラマ、超常的なホラー、武道が入り乱れるストーリーには、たくさんのヴァンパイアやその他の邪悪な魔物が登場するが、そのなかでバフィーは、最高に魅力的なデヴィッド・ボレアナズが演じるエンジェルという男性を知る。そして、彼と情熱の夜を過ごしたとき、彼に邪悪なヴァンパイアという一面があることに気づく。このヴァンパイアとヴァンパイア殺しの恋は、そのサブテキストの悲劇性と隠喩性の

　　ジャイルズ：人間の血を吸うのはやめたそ
　　　　　　　　うだな。
　　エンジェル：大昔にな。
　　ジャイルズ：バフィーに会いに来たのか？
　　エンジェル：いや、バフィーに会うのはつ
　　　　　　　　らい。
　　ジャイルズ：スレイヤーに恋したヴァンパ
　　　　　　　　イアか。ロマンチックな悲恋
　　　　　　　　物語だ。

　　　　　　　　　──『バフィー〜恋する十字架〜』(1997年)

ために視聴者を惹きつけ、その結果『エンジェル』という簡潔なタイトルのスピンオフ作品が生み出された。

　このシリーズの魅力のひとつは、登場人物たちの電光石火のような当意即妙の会話は言うまでもないが、勇敢なヴァンパイア・ハンターの一群の活躍と、ハイスクールでのエネルギッシュな学校生活——主な登場人物としてはウィロー・ローゼンバーグ、ザンダー・ハリス、コーディリア・チェイス、それにバフィーのウォッチャー（後見人）ルパート・ジャイルズら——とが織りなすストーリーを視聴者に提供したことだ。

　高校生の仲間たちは、バフィーの失恋やサニーデール・ハイスクールの崩壊（バフィーたちの卒業直後）、バフィーの死と再生といった衝撃的な出来事をともに乗り越えていく。その途上で、彼らはヴァンパイアだけではなく、悪魔、魔女、その他の邪悪な存在に戦いを挑んだ。

『エンジェル』

　1999年にWBネットワークで放映された『エンジェル』は、200歳のヴァ

どのヴァンパイア小説も作者がヴァンパイアを自分の欲求に合わせて書き換えている。あなたは自分の好きなものを選べばいい。

——ジョス・ウェドン
『バフィー〜恋する十字架〜』『エンジェル』の製作総指揮者

ンパイア、エンジェルの勝利と苦悩に焦点を当てている。エンジェルは最初の100年を、危険を顧みない奔放さで殺人を重ねたが、復讐に燃えるロマの一団から呪いをかけられたおかげで、ヴァンパイアの体に人間の魂を取り戻す。ヴァンパイア伝承からの新しい現われとも言えるエンジェルは、自分の過去の残虐さへの罪悪感にさいなまれ、永遠の苦悩と良心の呵責を軽減しようとして、私立探偵になって人を助けようとする。『バフィー〜恋する十字架〜』の製作総指揮者ジョス・ウェドンの指導により、デヴィッド・ボレアナズは悩める魔物として異彩を放ち、ヴァンパイアであることを嫌がりながらも、人間への償いをするために永遠に生き続けるのだ。

『バフィー〜恋する十字架〜』より暗いコンセプトの『エンジェル』は、バフィー自身も含め、さまざまな人間模様が交差することが良い効果を上げている。ほとんどの連続ドラマがそうであるように、連続ドラマというフォーマットで、自己完結型のストーリーが語られることで、長期にわたる筋書きはパワーアップし、エンジェルはニック・ナイトや『ムーンライト』のミック・セント・ジョンといったテレビのヴァンパイアたちと並び立つ存在となっている。彼はもとは邪悪な魔物であるにもかかわらず、善をなそうとする。このドラマがあいまいな結末のまま放送終了となり、それがファンの激怒を招いたこともあって、『エンジェル』の続編は『エンジェル：堕落ののちに（Angel: After the Fall）』というタイトルの全17話のコミックとなって2007年に発売された。

『トゥルーブラッド』

シャーレイン・ハリスが書いた『スーキー・スタックハウス』シリーズを原作とする『トゥルーブラッド』は、HBOで放送が始まると、たちまち大人気を博した。2008年9月の初回放送で、『トゥルーブラッド』はボン・タンの住人たちを世界に紹介した。ボン・タンはルイジアナ州の架空の町で、風変わりで、やる気のない、テレパシー能力をもつウェイトレ

『エルヴァイラ』

正式に『ウェブスター辞典』に載っているわけではないが、「エルヴァイラ」と聞いて頭に浮かぶのは、漆黒の髪で露出度の高い、体にぴったりした、胸の谷間を強調した黒いドレスを着た、まさに典型的な超がつくほど色っぽい美女だ。エルヴァイラはB級のホラー映画を放映するアメリカのコメディテレビ番組『エルヴァイラのコワい映画（Elvira's Movie Macabre）』で、1981年からそのヴァンパイアという設定を押し出して、途方もない面白さと不死者の冷静さを振りまいている。

ス、スーキー・スタックハウスを、『ピアノ・レッスン』でアカデミー助演女優賞に輝いたアンナ・パキンが演じた。彼女が恋に落ちるビル・コンプトン（スティーヴン・モイヤーが演じた）は、173歳のヴァンパイアだ。日本人科学者が発明した人工血液のおかげで、今やヴァンパイアは社会に適応していることを考えれば、ビルがスーキーより148歳も年上だという事実は、もちろん大した問題ではない。

✛第 11 章✛

ゲームのなかの
ヴァンパイア

　テレビゲームの普及とともに、ヴァンパイアが登場する機会も増えてきた。ヴァンパイアは敵役が多いが、時には操作できるキャラクターとして使われることもある。本章では、この夜の魔物が登場するもので、最もよく知られているゲーム——テーブルトーク RPG（ゲーム機などのコンピュータを使わずに、紙や鉛筆、サイコロなどの道具を用いて、人間同士の会話とルールブックに記載されたルールに従って遊ぶ "対話型" のロールプレイングゲーム）であれ、トレーディングカードであれ、テレビゲームであれ——をいくつか見ていきたい。

『ダンジョンズ＆ドラゴンズ』

　1970 年代半ばに初めて『ダンジョンズ & ドラゴンズ』（以後『D & D』）が販売されたとき、ゲーム愛好家はそれまでとはまったく異なる種類の

生き続けるストラード

『レイヴンロフト』のモジュールは、TSR 社の他のゲーム製品も
生み出した。そのなかには、ストラードやバロヴィアの他の住人を
テーマにした小説のシリーズ（著名なヴァンパイア小説の著者P・
N・エルロッドの作品など）も含まれる。2010 年には、ウィザーズ・
オブ・ザ・コースト社が、『キャッスル・レイヴンロフト』を発売した。

ゲームに適応せねばならなかった。『D & D』のようなロールプレイング
ゲームには「勝者」も「敗者」もなく、プレーヤーはただゲームそのもの
に立ち向かい、魂を揺さぶられるような冒険をし、さまざまなモンスター
と戦い、宝物を探すのだ。

　このゲームのデザイナー、ゲイリー・ガイギャックスとデイヴ・アーネ
ソンは、熱狂的なファンタジーのファンで、異世界の冒険ものの伝統に
どっぷりハマっていた。そして、ゲームにはあらゆる種類のモンスターが
自由自在に登場し、活躍すべきだと確信した。

　ヴァンパイアは『D & D』に最も早く登場したモンスターのひとつで、
1974 年に発売された「ホワイトボックス」セットや、1977 年発売の「モ
ンスター・マニュアル」にも姿を見せている。『D & D』のその後の版にも、
ヴァンパイアはプレーヤーの対戦相手であるモンスターとして登場してい
る。

『レイヴンロフト』

　1983 年、TSR 社（『D & D』を発売した会社）は、スタンドアローン形
式（それだけ単体でプレイできるゲームのこと）のモジュール、『レイヴ

ンロフト』を発売した。このモジュールでは、中心的なキャラクターであるストラード・フォン・ザロヴィチとしてヴァンパイアが登場している。このキャラクターは臆面もなくドラキュラをモデルにしているが、彼独自の神話もつくられている。ストラードは貴族で、人生で多くの敵と戦ったが、最後はバロヴィア王国に引退し、レイヴンロフト城に居を定めた。しかしながら、弟セルゲイの婚約者でタチアーナという若い女性と熱烈な恋に落ちたとき、彼の魂に暗い影が忍びこんだ。若さを取り戻し、彼女の愛を勝ち取りたいと思うあまり、ストラードは死神と契約を結ぶ。弟の結婚式の日、ストラードはセルゲイを殺害し、タチアーナを追いかける。恐怖におののいた娘は、城壁から身を投げた。ストラードは自分の城の番兵に殺されるが、死神との契約によって、自分は死ぬことができずにヴァンパイアになったことを知る。

　バロヴィア王国は、誰も通り抜けることができない不思議な霧に包まれる。ヴァンパイアの領主が統治する国土は孤立し、世界から隔離されてしまう。ストラードは未来永劫タチアーナに似た女性を追いかけることを運命づけられるが、その女性はみな悲劇的な死を遂げ、彼の愛は決して成就することはなかった。

ヴァンパイアが登場するゲーム

『D＆D』はゲーム界に大きな影響——テーブルトークゲームにも、のちにテレビゲームにも——を与えたので、ヴァンパイアがゲーム界全体に広まったのはきわめて当然のことだ。この挑戦に応じるために最も重要なはたらきをした会社のひとつがホワイト・ウルフ・パブリッシング社だ。

ホワイト・ウルフ

　1991 年に設立されたホワイト・ウルフ・パブリッシング社は、すでに人気のあったゴス・カルチャーに焦点を当て、ヴァンパイアやヴァンパイ

ヴァンパイアが登場したら、まず間違いないわ。ヴァンパイアが何世代にもわたって大当たりしてきたのは、手が届かなくて、ミステリアスで、官能的で、危険で、ちょっとセクシーだからよ。

　　　　　　　──アシュリー・グリーン、アメリカの女優
　　　　　　　　　（『トワイライト』のアリス・カレン役）

ア伝承に対しても大きな関心を示していた。若いゴス・ファンたちは黒い服を着て、タトゥーやボディピアスを施しているが、それはヴァンパイア、頭蓋骨、骸骨といったうす気味悪いシンボルを表現するためのものだ。ゴスのヴァンパイア伝承に対する最も重要な貢献は、『ヴァンパイア：ザ・マスカレード』というゲームで、『ワールド・オブ・ダークネス』というテーブルトークRPGの一部である。『V：TM』（プレーヤーたちはこう呼んでいる）に登場するヴァンパイアは、以下の13の氏族（clan）のどれかに属している。

◆アサマイト
◆セトの信徒
◆ジョバンニ
◆マルカヴィアン

◆ブルハー
◆ギャンレル
◆ラソンブラ
◆ノスフェラトゥ

◆ラヴノス
◆トレメール
◆ヴェントルー

◆トレアドール
◆ツィミーシイ

　クランのメンバーは派閥（faction または sect）を形成し、同盟関係が変化することで、プレーヤーはさまざまな策謀をめぐらす機会を与えられる。派閥には善悪の区別はない。その代わり、派閥はそのメンバーが何を自分たちの利益と考えるかを重要視する。ヴァンパイアはたがいを「血族（Kindred)」とみなし、その起源は人類最初の殺人者カインの血にあると考える。

　『V：TM』からは、トレーディングカードゲームの『ヴァンパイア：ジ・エターナル・ストラグル（Vampire: The Eternal Struggle)』と、小説のシリーズも生まれた。2004 年、ホワイト・ウルフ・パブリッシング社は新たなゲーム『ヴァンパイア：ザ・レクイエム（Vampire: The Requiem)』を発売した。このゲームには『V:TM』の多くのテーマと、いくつかのゲームの要素が使われている。

『キンドレッド／狼の血族』

　第 10 章で触れたように、FOX チャンネルは 1996 年に、『V：TM』を原作としたドラマシリーズ『キンドレッド／狼の血族』の8 話を放映した。このシリーズはヴァンパイアの存在に気づいた警部と、臣下をコントロールして戦争を阻止しようとする「ヴァンパイアの君主」との間の不安定な協力関係を描いている。

テレビゲーム

　1990年代にテレビゲームが急速に普及したため、ロールプレイングゲームの構成要素の多くがゲーム機に活路を見いだしたのはごく自然な流れだと言える。これはヴァンパイアもののゲームにも当てはまった。吸血鬼が登場するおもなテレビゲームを挙げておく。

◆『ブレイド（Blade）』（2000年）
◆『ブラッドレイン（BloodRayne)』（2002年、2004年）
◆『カウントダウンヴァンパイヤーズ（Countdown Vampires)』（1999年）
◆『ダークウォッチ（Darkwatch)』（2005年）
◆『ドラキュラ（Dracula)』（いくつかのバージョンあり）
◆『幽霊屋敷（Ghost House)』（1986年）
◆『カインの遺産（Legacy of Kain)』（1996 〜 2003年）

ダンピール

　いくつかのテレビゲーム——有名なのは『ブレイド（Blade）』と『バンパイアハンターD』——にはダンピールが登場する。ヴァンパイアと人間の混血だ。このコンセプトの起源はバルカン半島の民間伝承にある。そこはヴァンパイアが人間の女性に性的魅力を感じて殺さないという、数少ない地域のひとつである。ダンピールはヤングアダルト小説『ヴァンパイア　アカデミー』シリーズにも主要人物として登場している。

- ◆『夜の罠（Night Trap）』（1992 年）
- ◆『ノスフェラトゥ（Nosferatu）』（2003 年）
- ◆『バンパイアハンターD（Vampire Hunter D)』（1999 年）
- ◆『ヴァンパイア：ザ・マスカレード（Vampire: The Masquerade)』（1991 年、1992 年、1998 年、2011 年）
- ◆『ヴァン・ヘルシング（Van Helsing)』（2004 年）

歴史のなかのヴァンパイア

　何世紀もの間に、ヴァンパイアと遭遇したと思われる記録はおびただしい数にのぼる。大部分は神話の類いだが、かなり信頼度の高い事件もいくつか記録されている。本章では、よく知られた魔物と、その不慮の死──そしてアンデッドへの転生──をめぐる一連の出来事を検証する。

ニューバーグのウィリアムの年代記

　ニューバーグのウィリアムは、1066年から1098年にかけてのイギリスの歴史を丹念に書き記した年代記編者で、一般に12世紀の歴史を最も正確に記録した同時代の権威のひとりと考えられている。彼は最晩年の1198年に、高く評価されている『英国事件史（History of English Affairs）』を編纂した。彼は歴史的出来事を正確に記録することにかけては確固たる、そして少なからず尊大な信念をもち、読み書きのできる国民

を教育するという努力のなかで、神話や風聞に頼る歴史家を声高に非難した。彼の著述は、英文学において高名な歴史家が亡霊——すなわち生ける屍——に言及した数少ない記事のひとつである。

バッキンガムシャーとベリックのヴァンパイア

　ニューバーグの著書に最初に出てくるアンデッドの記事は、バッキンガムシャー州が舞台になっている。1度死んだ男が妻のベッドに戻ってきて妻の体の上に横たわったので、妻はその重みであやうく押しつぶされそうになった。妻が必死で追い払うと、男は何日間も他の家族や近所の人々を恐怖に陥れた。リンカーンの聖ヒュー司教——のちに教会から列聖された——は聖職者に訴えたあと、赦免状を書いて、男の死体の上に置くようにと送った。宗教的な治療は明らかに効き目があった。男の歩く屍は、それ以後村人を悩ませることはなかった。

　その後、今度はイングランドの最北端の町ベリックに、死んだ男のよみがえりが現れた。男は生前はとても裕福だったが、気性は邪悪だったと言われ、うわさでは夜になると墓から這い出て、町をうろつきはじめ、いきり立った犬がかかとに咬みついたという。何日もたたないうちに、うろたえた町の住民は、日中死体が「眠って」いる間に掘り起こし、燃やして灰にして窮地を脱した。

メルローズ修道院の聖職者のヴァンパイア

　ニューバーグのウィリアムの注意を引いた最も驚くべきアンデッドの話は、スコットランドのメルローズ修道院で高貴な女性に仕えていた聖職者のヴァンパイアの話だった。その牧師は基本的に人生における宗教上の務めをないがしろにして、毎日猟犬を連れて馬に乗り、狩りをして過ごしていた。聖職者は死後まもなく、メルローズ修道院に現れるようになったが、修道院の神聖さに阻まれて、中へ入ることはできなかった。そのうち彼は聖職者として奉仕するのを怠った高貴な女性の部屋へ現れ、苦悶の声

を上げながら女性につきまとった。

　恐れおののいた女性は、修道院の高位の修
道士に、死体の夜ごとの徘徊をやめさせるよ
う懇願し、修道士は墓を見張ると約束した。
聖職者の死体は墓から起き上がると修道士を
攻撃し、修道士は持参していた斧を振り回し
て応戦した。敗れた魔物は墓に帰っていっ
た。墓は開いて彼を受け入れると、再び閉じ
た。翌日修道士の集団が、狼藉をはたらいた
死体を掘り起こして燃やすために墓地へ出か
けていった。死体に斧で切りつけられた傷跡
があり、棺の中に血だまりができているのを
見て、彼らは慄然とした。

アニックのヴァンパイア

　ニューバーグのウィリアムの年代記に出てくる最後のヴァンパイアは、
アニックのヴァンパイアとして知られているが、生前は残虐で卑劣な男と
いう悪評が定着していた。人間としての最後の夜、この迷える魂をもつ男
は、窓から妻の寝室をのぞき、不倫の現場を押さえようとして屋根に登っ
た。そして、足を滑らせて地面に落下し、翌日苦悶のなかで死亡した。

　あわれな男の葬儀が終わってまもなく、アニックの住民たちの間で、男
の死体が通りをさまよっているおぞましい姿を見たといううわさが広まっ
た。そしてその直後、疫病がアニクの町を席巻した。死亡者数が増えるに
従い、人々はパニックに陥った。疫病は幽鬼のせいにされ、その黒胆汁と
血に染まった死体は燃やされ、灰になった。偶然かどうかは別にして、疫
病もおさまったため、呪われた亡者が実際にアニックの人々に災厄をもた
らした証拠だと考えられた。

その他の中世のヴァンパイア

1991 年、チェコ共和国のプロスチェヨフで、古代の教会の発掘調査を行っていた考古学者が、鉄の棒で蓋を強化した棺に収められた一体の死体を発見した。さらに、死体の脚の上には石が積まれ、胴体は脚と切り離されていた。埋葬は 16 世紀に行われたと推測され、ヴァンパイアが起き上がれないように、町民が万全の対策をとったものと考えられる。

悪なんて一つの見方にすぎない。神だって人殺しをする。だから俺たちもするんだ。なぜって神のもとのいかなる生き物も俺たちにかなうものはないからだ。この俺たちほど神に似たものは他にはいないからだ。

——アン・ライス『夜明けのヴァンパイア』
（田村隆一訳より）

エリザベート・バートリ（バートリ・エルジェーベト）

バートリ家の紋章

　人類が誕生してから、血への抑えきれない欲望をもつ殺人者はつねに存在していたし、それはまた当然のことだと言えるだろう。そういう常軌を逸した人間のなかでも、16 世紀にその狂気、サディズム、殺害者の数において他に例がない女性がいた。専門家によりその犯罪に関する記述は異なるが、その血への執着はヴァンパイア伝説の部類に属するという点ではおおむね一致している。しかも、彼女は実在の人物なのだ。その名はエリザベート・バートリ伯爵夫人といい、1560 年にハンガリー貴族の家に生まれ、「血の伯爵夫人」という異名をもつ。

殺人の共犯者

　バートリは絶世の美女と言われ、子供時代はてんかんと思われる病を患っていた。一族には狂気を帯びた人間が多く、近親者には魔術や錬金術を使う者、悪魔崇拝者がいたと言われている。その邪悪さは、15 歳でフェレンツ・ナーダシュディ伯爵と結婚したことによって後世に語り継がれるものとなった。ナーダシュディ伯爵は早速そのサディスティックな行為をバートリに伝授し、その城やいくつかの別邸を苦痛と拷問の場に変えてしまった。拷問の大半はあわれな年若い侍女を対象とし、伯爵は娘たちを野外に放置し、縄で縛り上げ、体にハチミツを塗って、ハチに刺される苦しみを味わわせた。厳しい冬の間のお気に入りの遊びは、娘を裸で外に出して寒風にさらし、体に冷たい水を浴びせて人間の氷の像をつくることだった。バートリの拷問や血に対する衝動はきわめて強力で、あらゆる形式の超自然的な技を用いた。1604 年に夫が死亡し、彼女がハンガリーの領地のひとつにこもるようになってからも、殺害された人数は増加の一途

バートリの伝説

アメリカのテレビ局サイファイの人気シリーズで、世界中の幽霊が出るとうわさされる場所を訪れる番組『ゴースト・ハンターズ・インターナショナル』（GHI）が、2008年8月18日にチェイテ城のバートリ家の廃墟を訪れた様子を放映した。それまで多くの訪問者が城に滞在している間にバートリの気配を感じたと主張していたが、GHIのチームは超常現象が起こる証拠をつかむことはできなかった。

をたどった。

　自分の命を失う危険を冒してまで、あえてバートリと敵対しようとする人間はまずいなかったし、ましてや誰も彼女の性癖を暴露しようとは思わなかった。そのため、長年にわたり子供から大人まで、数知れないほどの女性が姿を消したが、単に行方不明とされていた。専門家の著述や推測、当時の記事、そして大々的に報道された伯爵夫人の裁判記録からわかるのは、バートリが行ったとされる拷問は、現代の基準に照らしても、ほとんど信じがたいほど過激なものだということだ。バートリを残虐行為に走らせたのは、血とそれが自分の美しさと顔色にもたらす効果だったようだ。もちろん、娘たちを拷問にかけ、死に至るまで見守ることに純粋な喜びを感じていたのは言うまでもない。

冷酷かつ非道

　バートリとその仲間の不運な犠牲者たちは、あらゆる苦痛を味わった。拷問では、体のあらゆる部分が、はさみで切られたり、骨を折られたり、

焼けた火かき棒を使って切断されたり、切り取られたりした。また、犠牲者の血を抜き、体を燃やし、肉を食べたり、自身の肉を無理やり食べさせたり、死ぬまで打ちすえたりした。18世紀のバートリに関する記事によると、バートリは若さと活力を保つために犠牲者の血を満たした浴槽に身を浸したという。しかしながら、この事実は裁判記録には記載されておらず、信ぴょう性は定かではない。それでも、彼女の血への飽くなき渇望は、その残虐性、サディズム、最悪の捕食者としてのむき出しの獣性とともに、明白な事実である。

不死の代償

　多くの連続殺人犯はある時点で、自分は無敵であるという傲慢さと信念を抱くようになり、それが過ちを犯す原因となる。ある時からバートリは殺人の犠牲者に、下層階級の農民より、さまざまな貴族の家系の娘を選んだ。噂が広まり、1609年、ついに血の伯爵夫人の悪行も終わりを告げた。その屋敷に捜査の手が入り、犠牲者の死体、拷問を受けた者、死にかけている者、さらに多くの幽閉者が発見された。バートリのおぞましい行為が明らかになり、世の中を震撼させた。

　伯爵夫人の有罪を宣告する、あるいは無実を証明するために2度裁判

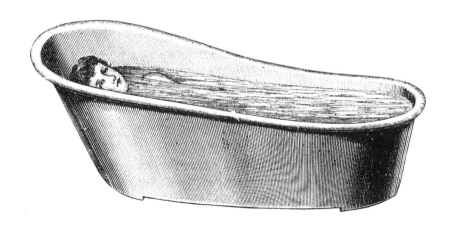

が行われた。裁判では、多くの犠牲者や仲間が、拷問や殺人のむごたらしく残虐な詳細を証言した。犠牲者の数の見積もりは変化し、バートリは80人を殺害した罪で起訴されたが、650人もの人を殺していた疑いがあった。それが正しければ、バートリは史上最多の連続殺人犯のひとりということになる。バートリ側としては、伯爵夫人は無実を訴え、娘たちは病気で死んだと主張した。だが、その訴えはほとんど問題にされなかった。バートリには有罪判決が下り、その3年後に自分の城の扉や窓が塗りふさがれた部屋で孤独に死んだ。

ヘンリー・モア

　ヘンリー・モアは、形而上学とケンブリッジ・プラトン学派に対する卓越した貢献者であり、生涯で数多くの哲学論文を著した。ケンブリッジ・プラトン学派とは、ピューリタンの教義を否定し、宗教と理性は共存可能とする概念を推進したケンブリッジ大学の理論家のグループだ。その論文のなかには、1653年、39歳のときに書いた『無神論に対する解毒剤（An Antidote Against Atheism)』があり、そのなかで幽霊、魔女、そしてもちろん、亡者やヴァンパイアについて論じている。英国の一流の著者がアンデッドの世界を記録にとどめようとしたのは、ニューバーグのウィリアムの優れた著述以来のことだった。モアがおぞましい存在を記録したことによって、当時のイギリスの夜の空気を汚した悪質な亡霊を興味深く垣間見ることができる。

ヴロツワフの靴屋

　モアが1590年のアンデッドの不気味な行動を記録したなかに、ポーランドの下シレジア地域にあるヴロツワフという町の靴屋の話がある。彼は自分の喉をかき切るという、宗教的戒律を破る行いをした。彼の親族たちは、葬儀を行う司祭に自然死と思わせるために、血が飛び散った死体を洗

さまよえる魂

ポルターガイストという言葉を聞くと、どうしても1980年代に製作され、大ヒットした映画『ポルターガイスト』3部作を思い浮かべてしまう。最初はちょっとした霊のいたずらと思われたものが、だんだんと邪悪な行為にエスカレートしていった。この言葉の語源は、ドイツ語で「音をたてる」を意味する「poltern」と「霊魂」を意味する「geist」にある。夜間に物質的な混乱を引き起こしながら地上をさまよう、迷える魂による迷惑行為はポルターガイストのしわざであり、そのなかにはヴァンパイアのものも含まれている。

い、傷を埋葬布で覆った。キリスト教の儀式にのっとって埋葬されたあと、靴屋は自殺したといううわさが広まりはじめ、教会から追及され、家族は自殺だったことを告白した。

　自殺者が教会の慣習に反して埋葬されたという矛盾した状況について聖職者たちが思案している間に、靴屋の死体は墓から起き上がって町民たちを威嚇しはじめた。出没は数カ月間続き、ついに教会の権力者は死体を掘り起こして6日間さらしものにするよう命じた。それでも、強情な靴屋は夜ごとの嫌がらせを続けたため、静かに眠らせるための対策として、その死体は絞首刑台の下にある墓標のない墓に埋められた。

　その後も数カ月間、町では夜間の嫌がらせと騒動が続き、町民と教会はほとほと困り果ててしまった。そして、もう一度靴屋の死体を掘り起こし、今度は手足と頭を胴体から切り離し、心臓をえぐり出した。記録によると、その心臓は「殺したばかりの仔牛の心臓のように、新鮮でまったく損傷はなかった」そうだ。靴屋の分断された死体は火葬され、「ヴロツワ

フのヴァンパイア」として知られるようになる魂は、ようやく安らかな眠りについた。

ペンチュのヴァンパイア

　ヘンリー・モアが記録した歴史物語のなかに、1655年にポーランドのシレジア地域にあるペンチュという町で起こった事件がある。町の助役だったヨハネス・クンティウス（クンツという説もある）は、股間を馬に強く蹴られ、数日後に自分の罪深い人生を嘆きつつ、苦悶のうちに死亡した。死の床に、どこからともなく黒猫が入ってきて、彼の顔をひっかいたと言われている——不吉な前兆だ。クンティウスが埋葬されたのち、ペンチュの町に悪質なポルターガイストと思われる騒動が広がった。住民の家に出現して暴力をはたらいたり、老人を絞め殺そうとしたり、幼児が殴り殺されたという恐ろしい話もあった。

　おびえた住民が、最近の死亡者の死体を何体か掘り起こして検分すると、例の助役のもの以外はすべて腐敗していることがわかった。その皮膚は「柔らかくて血色も良」く、「その手のなかに棒を差し入れると固く握りしめた」と言われている。半月近く墓のなかにいたのち、クンティウスのまだ「生きているような」死体は焼却され、その悪質なヴァンパイア的な徘徊も終結した。

ペーター・プロゴヨヴィツ

　1725年、ほとんど特徴がない平凡なペーター・プロゴヨヴィツという男が死亡し、セルビアのラーム郡キシロファ村に埋葬された。そのちょうど1週間後、さまざまな年齢の9人の村人が奇妙な「24時間の病」に倒れ、その後死亡した。そのうち何人かは失血症状を伴っていたと報告されている。プロゴヨヴィツの妻は、亡き夫が靴を取りに戻ってきたと訴えた。別の記録によると、プロゴヨヴィツは何度か食べ物を求めて息子のもとを訪

れたが、何度目かに息子が拒否すると、息子は死んでしまったという。前述の病気になった村人は亡くなる前に、プロゴヨヴィツは家にやってきただけでなく、首を絞めて殺そうとしたと報告していたが、この記録はその事実を立証するものだ。

　こうした状況でしばしば用いられる対策として、プロゴヨヴィツの遺体は、ヴァンパイアの兆候があるか確認するために掘り起こされた。それは腐敗が進んでいない、血色がいい、爪や髪の毛が伸びている、鮮血が見られるといったものだ。教区司祭と軍人が協力して、あわれな男の遺体を掘り出してみると、記録によるとヴァンパイアの明らかな特徴が見られた。皮膚の一部はめくれてその下に新しい皮膚が見えていた。髪と爪は伸び、口のまわりには鮮血がついていた。全体的に損傷のない状態に見えた。その外見が見た人の混乱と怒りを引き起こしたのも当然だろう。

事件の幕引き

　死体の発掘を監督した将校と教区司祭は冷静な対応を求めたが、村人たちは自分たちの手で処理しようとした。プロゴヨヴィツの死体の心臓を杭で刺し貫くと、鮮血が胸や口、耳からあふれ出したと報告されている。死

腐敗が進まない

　腐敗とは、死体をはじめとする有機物が微生物の作用によって変質することを言う。民間伝承に出てくるヴァンパイアやその他の死体は、杭で刺したときに恐ろしいうめき声を上げたり、鮮血を噴出させたりする。内部のガスによる死体の膨張や体液の増加が原因だと推察する人もいるが、ごくわずかだ。

私たちにはそれがドラキュラ伯爵その人なのだとすぐに分かった。顔も、額の傷も、間違いない。伯爵は左手でハーカー夫人の両手を腕が伸びきるほどに摑み上げ、右手で彼女の首を抱き、自分の胸に押し当てていた。彼女の白い寝間着は血に染まり、引き裂かれたシャツから覗く伯爵の胸元にはひと筋の血が流れ落ちていた。ふたりの姿はまるで、無理やりミルクを飲ませようと、子供が子猫の顔をミルク皿に突っ込んでいるかのようだった。

———セワード医師

ブラム・ストーカー『吸血鬼ドラキュラ』（田内志文訳より）

体にはただちに火がつけられ、焼却して灰にした。当然のことながら、念のため犠牲者とされる死体も掘り起こされ、安らかに眠るよう、口にニンニクを詰めるなどの処置が施された。

アルノルト・パウル

　ペーター・プロゴヨヴィツの事件から2年後、もうひとつの事件が起こった。この事件は、オーストリアの連隊つき外科医ヨハン・フリュッキ

ンガによる、広く読まれているラテン語の調査報告書『見聞録（Visum et Repertum）』によってさらに有名になったと言える。この調査書は 1732 年に出版され、オーストリア皇帝に献呈された。フリュッキンガは報告書で、ヴァンパイアは実際に存在すると述べていて、おもにセルビアのヴァンパイアによる災厄について書いている。この調査書で最初に取り上げられているヴァンパイアが、セルビアの兵士アルノルト・パウルだ。記事によって異なる部分もあるが、話の大筋は、1727 年にパウルがベオグラード郊外のメドヴェギア村に帰還したところから始まる。パウル自身が、ギリシア駐在中にヴァンパイアに襲われたと話したが、パウルの夢だったとする文献もある。調査書には、パウルは「自分もヴァンパイアになるのではないかという不安を解消するため、ヴァンパイアの墓の土を食べ、ヴァンパイアの血を体に塗った」と書かれている。元兵士にとって不幸なことに、その「治療」は効果を示さなかったが、パウルは村中にこの話を言いふらしたようだ。自分の所業ではないと証明しようとしたのだろうが、その努力も空しかった。

杭を打つ

　村に戻ってまもなく、パウルは干し草を積んだ荷車から落ちて死んだ。埋葬からひと月ほど経ったころ、地元の村人はパウルが安らかにあの世へ旅立った訳ではないようだとうわさするようになった。実際、パウルは村人を悩ませ、4 人の死者が出たのは彼のしわざと考えられた。ペーター・プロゴヨヴィツと同様に、こうした告発を受けて、パウルの死体を掘り返し、ヴァンピリズムの兆候がないか検証することになった。パウルの埋葬から 40 日後のことだ。フリュッキンガの調査書によると、村人が目にしたのは、「ほとんど損傷もなく、腐敗も進んでおらず、鮮血が目、鼻、口、耳から流れていた。そのため、彼のシャツ、覆い布、棺は血に染まっていた。手と足の爪、それに皮膚は剝がれおち、新しい爪や皮膚が生えてきている」状態だった。慣習に従い、パウルの心臓に杭が打たれると、彼は「う

事件後

　留意すべき点は、ヨハン・フリュッキンガの調査はパウルの死と破滅のあと、5年近くにおよんでいることだ。そのため、彼の調査書は、村人による当時の出来事の記録に基づいている。

めき声を上げ、大量の出血をした」という。その後、死体は火葬され、灰になった。

メドヴェギアのヴァンパイア

　プロゴヨヴィツの事件はその死体を火葬することで終結したが、パウルの場合はそうはいかなかった。彼のヴァンピリズムが混乱を引き起こしただけでなく、その結果、連鎖的に犠牲者の死体の発掘、観察、破壊も行われ、ヴァンピリズムに汚染された犠牲者たちには「メドヴェギアのヴァンパイア」という不名誉な呼称が与えられた。パウルの犠牲者の4人の死体も掘り起こされ、同様の処置が施された。だが、それだけでは済まなかった。パウルは村人が飼っていた牛の血も吸っていたと言われ、その牛の肉を食べた村人にも、感染してヴァンパイアになる危険があった。調査書によると、3カ月の間に17人が病気にかかって2、3日で死亡したという。ひとりの女性は、亡くなった村人に襲われたと述べている。ご想像通り、不運な犠牲者たちの死体はすべて掘り起こされ、フリュッキンガの調査書は、その死体の状況について事細かに記録している。腐敗していたために再び埋葬されたものはごくわずかで、メドヴェギアのヴァンパイアの大半は切断され、焼却され、その灰は川に投げこまれた。

クログリン・グランジのヴァンパイア

　何世紀にもわたって悪名をとどろかせた、クログリン・グランジのヴァンパイアに言及しなかったら、怠慢だと言われるだろう。陰謀、恐怖、地獄からよみがえった血に飢えた亡者がちりばめられたこの物語は、1800年代後半に、オーガスタス・ヘア『私の人生（The Story of My Life）』という簡潔なタイトルのついた書物のために注目を浴びた。この物語は、イギリスのカンバーランド地方に、クログリン・グランジと呼ばれる1階建ての別荘を所有するフィッシャー船長がヘアに語ったものだ。フィッシャー家は2人の兄弟とその妹のためにその家を借りており、一家は地元のコミュニティで貧しい人々にも裕福な人々にも人気があった。ことのほか暑いある夏の夜、妹は自分の部屋に引き上げたが、寝つけなかった。窓から外を見ると、遠くに2つの奇妙な明かりが見えた。その明かりはどんどん近づいてきて、「恐ろしい茶色の顔と炎のような目」をもつ、ゾッとするような魔物となって姿を現し、その部屋の窓を見つめ、ガリガリと引っかいた。そして、部屋の中に入ってくると、あわれな女性に襲いかかり、喉におぞましい傷をつけた。女性はあやうく殺されかけたが、兄のひとりが、魔物が近くの教会の墓地へ逃げこむのを目撃した。

「魔物」は教会から逃げ出した狂人だろうと見当をつけた3人は、スイスでしばらく静養し、元気を取り戻してグランジに戻った。ところが、グランジに戻って数カ月後、魔物は再び妹の窓辺に現れた。今度は兄弟が準備を整えていて、ひとりが銃で魔物の脚を撃つと、魔物は再び教会の墓地へと逃げていった。翌日、地元民の一団が教会の地下墓地のふたを開け、棺の中身をあらためていくと、ついに「茶色の、干からび、しなびてミイラ化した」魔物を発見した。ヴァンパイアを始末する正しい方法にのっとって、その魔物は焼却された。

　初版本ではさらに劇的で恐ろしい話になっており、ヘアの物語は恐怖を巻き起こしたが、同時にこの事件は完全なフィクションだという批評が、

それこそ棺がいっぱいになるほど寄せられた。1900年代になると、何人かの恐れ知らずの男たちがこの事件の真相を突きとめ、誤りを暴くためにその地に向かって出発していった。最初は1924年のチャールズ・G・ハーパーだった。カンバーランドへの旅で、ハーパーが見つけたのはクログリン・ロー・ホールとクログリン・ハイ・ホールだけで、周囲を見渡しても1マイル以内に教会はなかった。1930年代になると、F・クライヴ＝ロスがハーパーの誤りを暴くために出発し、ロー・ホールには、かつて近くに礼拝所があったという結論に達した。

　30年後の1968年、D・スコット・ロゴが別の考え方を思いつき、ヘアのクログリンの話は、ジェームズ・マルコム・ライマーが1847年に発表した小説『吸血鬼ヴァーニー』を模倣したのではと示唆した。しかしながら、ロゴの驚くべき新説は、ヘアのクログリン・グランジ事件は1680年代に実際に起こったというものだった！　近年では、作家のライオネル・ファンソープが、グランジ近郊の地下墓地は、イギリス史のクロムウェル時代に破壊されたことを示す研究を発表した。ヴァンパイアが実際に存在したかどうかは、今も定かではない。

思い出の牙

　エリザベート・バートリ、ペーター・プロゴヨヴィツ、アルノルト・パウルのように、ヴァンパイアと推定される者たち、そしてこれまでに取り上げた者たちは、ヴァンパイアの殿堂において、いかがわしいとは言わないまでも、重要な位置を占めている。次章では、その犯罪的なヴァンパイアとしての行いが現代人にもパニックを引き起こし、その凶暴で血に飢えた行動が現在でも信じがたい思いを抱かせる、こうした異端者をより詳しく検討する。

┿第 13 章┿

ヴァンパイア
の犯罪

何世紀もの間に、多くの犯罪者が犠牲者の血を抜く、ある
いは飲むことにより、殺人や殺人未遂を犯してきた。自ら
をヴァンパイアだと固く信じる人もいれば、血を見るとい
うスリルを求める人もいる。ロンドンのヴァンパイア、ハ
ノーバーのヴァンパイア、デュッセルドルフのヴァンパイアは、殺人への
渇望を満たすために血を流す、あるいは飲むという手段をとった悪名高い
連続殺人犯だ。

初期のヴァンパイアによる犯罪

　さまざまな理由で自分はヴァンパイアだと信じている者、あるいはヴァ
ンパイアの影響を受けたと主張する者による犯罪については、述べておき
たいことがたくさんある。なぜ他の人間を血という名目のために冒とくす
るのか、その理由についてたしかな答えはないが、長年の間に、こうした

非道な行いには共通点があることが解明されてきた。

ジル・ド・レ

　吸血、せっかんし、殺害などのサディスティックなヴァンピリズムの行使において、最も悪名高く衝撃的な例の筆頭に挙げられるのは、フランスの貴族ジル・ド・モンモランシ＝ラヴァル、通称レ男爵だ。百年戦争ではジャンヌ・ダルクの側に立って戦ったという功績をもつ。1435年に財産を相続すると、ド・レは31歳で軍を退役して領地に戻り、ぜいたくな暮らしを始めた。オカルトや悪魔崇拝に傾倒し、いけにえを捧げるおぞましい儀式において、少なくとも50人、一説には100人を優に超える少年の虐殺した。

　1440年、ド・レは聖職者による捜査によりその悪行の証拠が示されたため逮捕され、フランスの法廷に出頭した。そして、犯罪の詳細を述べるよう強要されたが、その内容があまりに不快きわまりないものだったため、治安判事は最も動揺を招く部分を記録から削除するよう命じた。その裁判と身の毛がよだつような血を飲む行為、食人、性的倒錯の話題は一般大衆の恐怖と怒りをかき立てた。残忍なド・レは有罪を宣告され絞首刑に

ヘマトマニア

　「ヘマトマニア」とは、心理的に異常なまでに血に執着する人間を指す言葉だ。現代の「ヴァンパイア」のなかには、血への性的な渇望に悩まされていると主張する者がいる。ジル・ド・レやエリザベート・バートリは、明白な精神的疾患により引き起こされた一種のヘマトマニアだったと言えるかもしれない。

エロワ・フィルマン・フェロンによるジル・ド・レの肖像（1835年）

なったが、その並外れた残忍な行為によって、人間には不可能な暴行をはたらいた実在したヴァンパイアとして伝説的悪名を獲得した。

権利の主張

　ひとつの犯罪に対して、つねにさまざまな文献が存在する。ヴァンピリズムだけでなく、人食い、死体性愛、魔術、オオカミ憑きの事件でも、文献の分だけ真実を見通すのが困難になる。血に飢え、狂気に走り、大量殺人を犯したのは、残念なことに、第12章で取り上げた邪悪な拷問者エリザベート・バートリだけではない。多くのサディスト、食人者、死体性愛者、拷問者が世界に存在してきた。何人か名前を挙げると、有名なマルキ・ド・サド（サディズムという言葉は彼の名に由来する）、「ロストフの切り裂き魔」と呼ばれたアンドレイ・チカチーロ、アメリカの連続殺人犯ジェフリー・ダーマーとテッド・バンディがいる。

　ヴァンパイアによる犯罪の確認された実例は広範囲におよび、19世紀から20世紀にかけて表面化した。1861年に数人の若い娘を殺害してその

天使を信じるかい？　それなら
ヴァンパイアも信じてくれ。わた
しを信じてくれ。この地球上には
おぞましいものが存在するのさ。
　　──アン・ライス『悪魔メムノック』（柿沼瑛子訳より）

血を飲んだことで有罪判決を受け、処刑されたフランス人のマルタン・
デュモラールから、ベラ・ルゴシのようなマントを身につけた 16 歳の自
称ヴァンパイアのニューヨーカーで、1959 年に無差別に 2 人の少年を刺
殺したサルバドール・アグロンまでさまざまだ。こうしたいわゆるヴァン
ピリズムを含む実例の多くに共通するのは、さまざまな精神的疾患および
行動障害が関わっていることだ。悔悟の念の欠如、乱交、支配、児童虐
待、そして、残虐な目的を達成するためにあらゆる逸脱と策略の手段を使
うことだ。ヴァンパイアの犯罪と考えられる事件は何十件もあるが、その
奇怪さのために注目を浴びたものがいくつかある。

◆フランスのブールジュの住人ジョゼフ・ヴァシェは国中を歩いて
　まわり、その途上 10 人以上の喉を切り裂いて殺し、その血を飲ん
　だ。1898 年に有罪判決を受け、処刑された。

◆ロシアの男爵ロマン・フォン・ウンゲルン＝シュテルンベルクは
　1920 年、有罪判決は受けず、殺人罪で告発さえされなかったが、
　おそらくは犠牲者の意に反して人間の血を飲んだことが知られてい
　る。彼はチンギス・ハンの生まれ変わりだと主張していた。政権が
　代わり、彼は新しい政権に受け入れられなかったため、ついに処刑
　された。

◆1960 年、アルゼンチンで、フロレンシオ・ロケ・フェルナンデス
　は 15 人の女性から、寝室で暴力をふるい、その血を飲んだ男に間
　違いないと確認された。

◆アメリカ人のジェームズ・リーヴァは、血を飲むと永遠の生命が得
　られるという信念に悩まされていた。また、ヴァンパイアの声が聞
　こえたとも言った。1980 年、彼は車椅子生活をしていた祖母を殺
　し、その血を飲んだと言われている。

◆1998 年、カリフォルニア州オークランドに住む、自称ヴァンパイ
　アのジョシュア・ルディガーは、ヴァンパイア切り裂き魔になり、

ホームレスに襲いかかって喉をナイフで切り裂いた。サンフランシスコでふたりの男性に傷を負わせ、ひとりの女性を殺した。ニュース記事によると、彼は殺人について「獲物は獲物でしかない」と言ったという。ルディガーは、自分は2000歳のヴァンパイアで、「活力を得る」ために血が必要だと信じていた。

ロンドンのヴァンパイア

1949年3月、ロンドンの『デイリー・ミラー』紙には、「ヴァンパイアを追って」というタイトルの連載記事が掲載された。その記事には、いくつかの地域の住民の失踪と、その死に関わったとされる男の逮捕について詳細に述べられていた。その男はジョン・ジョージ・ヘイグといい、逮捕後まもなく、6人を殺害し、証拠を消すために遺体を硫酸で溶かしたと自供した。そして、殺人の動機は、血に対する衝動だと主張した。警察当局はそれは信じがたいと考えたが、法廷の判断に委ねることにした。そのセンセーショナルで陰うつな裁判において、ヘイグには「ロンドンのヴァン

戦争によって暴露された殺人

1900年代初頭、ハンガリー人のベーラ・キシュにはおぞましい習慣があったが、第1次世界大戦中に死亡するまで、その邪悪な行いは明るみに出なかった。陸軍将校が、19あるいはそれ以上のドラム缶の中に行方不明の人々の死体を発見した。そのうちふたりはキシュの妻と愛人だった。犠牲者は絞め殺されており、首には刺傷があり、血を抜かれていた。

パイア」という称号が与えられた。

外界からの隔離

　ジョン・ヘイグは 1909 年にイギリスのウェイクフィールドで生まれ、社会からの極端な孤立を実践するプリマス・ブレザレン（聖書に基づく教理を目指して興った福音主義的な運動及びその組織）のメンバーである両親に育てられた。原理主義者の両親はヘイグの心に、十字架の上で血を流すキリストと、その血による神の救いという圧倒的な印象を植えつけた。そのイメージは悪夢となってヘイグにつきまとい、それがのちに犠牲者にとっての悪夢となった。子供時代のヘイグの生活は、自宅に閉じ込められた息の詰まるもので、3 メートルほどの塀が彼を外の世界から隔てていた。

　何年もの間、ヘイグの生活は平穏に過ぎているように見えた。40 歳まで片手間仕事を転々とし、サウス・ケンジントンで暮らしていた。ある日、彼は親しい女性の友人に、近所の 69 歳になるオリーブ・デュランド゠ディーコンという女性が、仕事の打ち合わせに現れず、丸 1 日姿を見ていないと話した。そして、友人に警察に届けを出すよう頼んだ。その届けを受けてロンドン警視庁が調べると、ヘイグには詐欺、文書偽造、窃盗などの長い犯罪歴があることがわかった。ヘイグは礼儀正しく、オリーブが元気でいるか心配だと話したが、警察は彼のビジネスの捜査を開始した。ヘイグはいわゆる「実験的研究」を行っていた。仕事場を捜査した警察は、硫酸の容器、化学薬品のしみのついたエプロン、ゴム手袋とゴム長靴、ガスマスク、それに「汚泥」が詰まった大だるを発見した。

片道切符

　ヘイグは宝石を質に入れたあと逮捕された。不審に思った質屋が警察に届けたのだ。警察はその宝石がオリーブ・デュランド゠ディーコンの持ち物だと断定した。取り調べの間、ヘイグはブロードモア病院（精神に異常

カリフォルニアのヴァンパイア

サクラメントのヴァンパイアと呼ばれるリチャード・トレントン・チェイスは、被害者の血を飲み、血に体を浸し、臓器を食べなければ、ナチスに血を粉に変えられてしまうという妄想に苦しんでいた。彼は自分のナチ理論を確信していたので、有名なプロファイラー（容疑者性格分析官）であるロバート・レスラーにスピードガンを所望した。スピードガンがあれば、ナチのUFOを撃ち落とし、彼らを殺人罪で裁判にかけられると信じていたのだ。6人を殺した罪で有罪判決を受けたあと、チェイスは終身刑を言い渡された。1980年、チェイスは独房で処方されていた抗うつ薬を大量摂取して自殺した。

のある犯罪者を収容するための病院）へ送られる可能性はどれくらいあるかと尋ねて刑事を驚かせた。明らかにヘイグは法律制度の抜け穴を見つけていたらしく、証拠になる死体がなければ、起訴されることはないと確信していた。平然とデュランド＝ディーコンを殺害し、死体を硫酸で溶かしたことを認めた。オリーブの殺害と死体処理のむごたらしい詳細を供述しながら、ヘイグは余裕のある態度で、それ以外にも同じやり方で8人を殺して処理したことも打ち明けた。そして、自分が生き残るためには人を殺すしかなく、犠牲者の喉を切り裂いたのは、その血を飲むためだと言った。

　ヘイグの裁判を前に、メディアはセンセーショナルに報道し、殺人鬼は自分が血に飢えたヴァンパイアとして報道されることを大いに喜んだ。当局は自分に手を出すことはできないし、自分は法の網にはかからないと確

信していた。死体という物証が見つからない限りは無罪で、せいぜい精神
病院へ送られるくらいですみ、そのうち病院からも解放されると考えてい
たのだ。

　ヘイグはどちらの点でも間違っていた。仕事場から見つかった「汚泥」
を法医学鑑定した結果、オリーブ・デュランド＝ディーコンの義歯が見つ
かった。デュランド＝ディーコンの口紅の容器と血のついた上着も発見さ
れ、ナイフ、壁、ヘイグのワイシャツの袖からも血液が検出された。精神
科医——被告側の精神科医も含めて——のチームは、ヘイグは偏執症であ
ることは間違いないが、たとえ血への執着が血にまみれたキリストのイ
メージを植えつけられた子供時代に始まったことにほぼ議論の余地はない
としても、精神異常のふりをしていると断定した。陪審員は評議に入って
からわずか12分で殺人での有罪を宣告し、1949年8月10日、ヘイグは
絞首刑に処せられた。

ブロードモア病院（現在のブロードモア高度保安病院、1867年）

恐怖の部屋

ジョン・ヘイグの人生における最後の栄光と言っていいかどうかは疑わしいが、マダム・マリー・タッソーから、刑の執行前にデスマスクを取らせてほしいという依頼があり、彼は求めに応じた。皮肉なことに実施されたのはマダム・タッソーの死のちょうど1年前だった。大量殺人犯は嬉々として指示に従い、自分の蝋人形が完成したらこれを着せて蝋人形館の「恐怖の部屋」に展示してほしいと、スーツを提供さえした。

ハノーバーのヴァンパイア

　1920年代、ドイツのハノーバーの町を、史上最も悪名高きヴァンパイア的連続殺人犯フリッツ・ハールマンがうろついていた。そして、その身の毛もよだつような犯罪が、警察の目と鼻の先で行われていたことがわかるまで、数年を要した。ハールマンによる虐殺の最初の証拠は、1924年5月に、町を流れるライネ川の川岸に出現した。人骨や頭蓋骨が多量に川岸へ流れ着いたのだ。このむごたらしい発見と時を同じくして、闇市で人肉が売買されているといううわさが広まった。このことで一般市民から、町を人骨で汚している怪物を捕まえるよう抗議の声が上がった。

地獄のカップル

　41歳のとき、フリッツ・ハールマンはハノーバーの町をうろつく数多くの社会復帰した性犯罪者のひとりにすぎなかった。1920年に少年への性的虐待の罪で9カ月間服役していた。その罪で1918年に逮捕されたと

き、ハールマンは少年とベッドにいたところを刑事に発見されたが、警官は他の行方不明の子供がいないか捜索した。恐ろしいことに、それから何年もたってから、警官たちは、ハールマンを逮捕していたとき、自分たちが捜していた子供の切り落とされた頭部が、新聞紙にくるまれてストーブの後ろに押しこまれていたことを知った。

　ハールマンは釈放されたのち、ハンス・グランスという若くてハンサムな男娼との関係を再開した。ほどなくふたりは離れられなくなり、一緒に町をうろつく姿が人目につくようになった。ハールマンは 10 代後半を精神病院で過ごし、怪しげなホームレスだったが、グランスと同棲するようになってからは、闇市で古着と肉を売って人並みの収入を得て、身なりのよい立派な紳士という評判を確立していた。当時闇市は、戦争によって荒廃したハノーバーの住民が希少品を調達するための主要な手だてだった。市民は知らなかったが、ハールマンは警察に情報を提供して金を受け取り、生活費の足しにしていた。そして、立派な紳士に見えたふたりは、言語に絶するけだもののカップルだったことも、市民たちは知るよしもなかった。

逮捕のきっかけ

　当局はのちに、ハールマンは警察の仕事で得た知識を使って、ハノーバー駅で刑事と称して改札を通り、ホームレスの家出少年に声をかけ、脅して自宅へ連れ帰っていたことを知る。また、少年を誘惑して殺すために仕事を与えたり、家に泊めたりしたこともあった。だが、こうした駅での悪だくみは、1924 年 6 月にハールマンが 15 歳の少年と不快な言い争いをはじめたとき、鉄道警察の注意を引いて身の破滅を招いた。警官の介入にパニックに陥ったハールマンは、少年は自分を逮捕させるために、偽造書類で旅をしていたと主張した。

　悪だくみが失敗に終わり、ハールマンと少年は警察署で尋問を受けた。少年はハールマンから性的嫌がらせを受けたと訴えた。その訴えは、川岸

共犯者

フリッツ・ハールマンと同棲していた愛人ハンス・グランスが、多数の犠牲者を殺害したことを十分に認識していたのは間違いない。そして、殺害後の後始末を手伝っていたことも疑いの余地はないだろう。ハールマンの処刑後、グランスは悪夢に加担した罪のために 12 年間服役し、その後は世間から身を隠して余生を過ごした。伝えられるところによると、1980 年にひっそりとこの世を去ったということだ。

で発見された吐き気がするような遺留物の謎の解決を担当していた刑事の好奇心をそそった。刑事がハールマンの住居を捜索すると、山のような衣類と所有物が見つかり、それは後に、増え続けている行方不明の少年たちのものと判明した。こうした発見のニュースが広がると、次々に証言が寄せられた。ハールマンが犠牲になった少年たちを駅から連れ出すのを見たと言う者もいれば、犠牲者の衣服をハールマンが疑いもしない買い手に売っていたと証言する者もいた。

肉屋に注意

ハールマンは取り調べに屈し、忌まわしい犯罪を自供した。そして、ハノーバーの町じゅうに散らばる、廃棄した骨や頭蓋骨の隠し場所に刑事を案内した。その恐るべき詳細において、ハールマンはその猟奇的犯罪の血も凍るような方法論を口述した。彼は少年たちを説得して自分の家に来させると、力ずくでレイプして、その気管に咬みつき、喉を切り裂いた。少年の服を脱がせたあと──それはあとで洗って売り物にした──頭部を切

断し、死体から骨を切り離すと、何食わぬ顔でこぎれいに容器に詰め、豚肉と称して売りさばいた。犠牲者の遺体と所有物は、ハールマンの闇市での古着屋と肉屋の主要な商品となったのは間違いない。

　国じゅうの関心を集めた「ハノーバーのヴァンパイア」のセンセーショナルな裁判において、ハールマンは自分の弁護を行い、愛人の少年ハンス・グランスの殺人への関与をほのめかした。陪審員はハールマンを24人を殺害した罪で有罪とし、グランスにはひとりの少年をハールマンの腐敗の巣へ誘いこんだ罪で有罪を宣告した。報告された犠牲者の数は、残念ながら、ハールマンが5年以上の歳月で文字通り解体した罪のない人々のほんの一部にすぎない。ハールマンは1925年4月にハノーバー刑務所でギロチンの刑に処せられたが、斬首されたというのは、最後の運命の皮肉と言えるかもしれない。

ヴァンパイアは、本物のヴァンパイアは、うら若き乙女の首筋に咬みついたりしない。人間をずたずたに引き裂き、肉の塊から血を吸うのだ。

——デヴィッド・ウェリントン
『99の棺：歴史的なヴァンパイアの物語
(99 Coffins: A Historical Vampire Tale)』

デュッセルドルフのヴァンパイア

　記録に残る 20 世紀の歴史において、いかに血に飢えた病的なサディストでも、ドイツのペーター・キュルテンの残虐な凶行に太刀打ちできる者はまずいないだろう。1930 年にキュルテンが逮捕され、自供したあとで、がくぜんとした世界は彼の血塗られた恐怖の時代が 17 年間も続いたことを知った。その発端は、1913 年にドイツのケルンで幼いクリスティーネ・クラインを謎めいた方法で殺害したことだ。キュルテンが逮捕されるまで、人々が知っていたのは、10 歳のクリスティーネがベッドの上で謎の捕食者の攻撃を受け、喉を切り裂かれ、陵辱されたということだけだった。それは殺人犯が痕跡──怪物のイニシャル「P・K」の入ったハンカチ──を残していく事件のひとつだった。

　クリスティーネ殺害の唯一の被疑者は、おじのオットーだった。彼はク

デュッセルドルフのヴァンパイア、映画のレガシー

　注目を浴びた殺人犯がすべてそうであるように、ペーター・キュルテンの異常さに触発されて何作かの映画が生み出された。そのなかに、フリッツ・ラング監督、ピーター・ローレ主演の 1931 年の名作『M』や、ロベール・オッセン監督の 1965 年のフランス映画『デュッセルドルフのヴァンパイア（Le Vampire de Düsseldorf）』がある。1973 年のドイツ映画『オオカミの優しさ（Die Zärtlichkeit der Wölfe）』はフリッツ・ハールマンの事件をもとにつくられた。

リスティーネの父ペーター・クラインに借金を断られ、激しい口論をし、しかも復讐をしてやると脅していた。彼がペーターのハンカチを盗んで、わざと娘の死体のかたわらに置き、陰湿な嫌がらせをしたと考えると筋が通った。何年か後にキュルテンは、その犯罪の数日後に現場近くのカフェへ入ると、地元民が殺された子供と殺人者とみなされる男について、怒りをあらわに話しているのを聞いて愉快だったと供述している。オットーに不利な証拠は見つからなかったが、彼は裁判にかけられ、すぐに無罪になった。キュルテンに関しては、スキャンダルによる興奮とオットーに嫌疑がかけられたこと、さらに幼いクリスティーネの喉を切り裂いたときに噴出した血を飲んだことで得た興奮が、彼を大胆な気分にしてしまったと言える。

野犬捕獲者

キュルテンは1883年にアルコール依存症で虐待的な父親のもとに長男として生まれ、貧しいひと部屋だけの住居で育った。そして、酔った父親が繰り返し母親と姉をレイプし、暴力を振るうのを目撃した。その時代に、キュルテンは堕落しきった野犬捕獲者と知り合ったために、異常なものと接触する機会がさらに増した。野犬捕獲者はキュルテンに、どんな若者も見聞きするはずがないものを見聞きさせた。例えば、自慰行為したあと、捕獲した犬をせっかんして殺した。その歪んだ関係を通じて、ふたりは絆を深め、キュルテンの運命は堕落へと向かっていった。

孤独の洗練

キュルテンによると、初めての殺人は10代前半で、学校の友達とライン川で泳いでいたときだった。ゴムボートの上で遊んでいるとき、キュルテンはひとりの少年を水の中で押さえつけ、溺死させた。もうひとりの少年がやめさせようとすると、その少年も溺死させた。そこから羊への攻撃に移り、ナイフで羊を刺しながら獣姦し、無力な動物に血に染まった暴行

を加えることに狂った性的快感を覚えた。それによって彼の情欲は想像を絶する残虐さの高みへ押し上げられた。16歳で実家を飛び出し、生き延びるために窃盗を行った。その後、比較的短期間の服役を27回続け、その間に故意に違反を繰り返して独房へ入れられた。ひとりになると、暇つぶしにサディスティックな性的倒錯を夢想しながら自己の欲求を満たした。

　信じられないことに、何度目かの刑期を終えた1921年、キュルテンは自分の行いを何も知らない女性と出会い、結婚した。そして、アルテンブルクの町の工場に就職する。そして、労働組合で活発に活動し、数年の間そのサディスティックな衝動を抑えこんでいた。変化が起こったのは、夫婦でデュッセルドルフへ引っ越したあとで、キュルテンは「自分が戻ってくると、夕陽は真っ赤に染まった」と回想した。デュッセルドルフは彼の恐るべき運命を全うするにふさわしい場所だと言いたかったのだろう。

うぬぼれ、
汝の名はヴァンパイア。
　　　　——ジム・ブッチャー『有罪判決（Proven Guilty）』

白鳥の歌

　キュルテンはその後の4年間は残忍な欲望を制御しながら暮らしていた。ちょっとした窃盗と放火をはたらいたが、逮捕されることはなかった。だが1929年、ついに忍耐の糸が切れ、数十人の男性、女性、子供に凶暴さをむき出しにして暴行し、ときには死体に油をかけて燃やした。死者の数が増えつづけると、デュッセルドルフの町は恐怖と憤り、嫌悪で狂乱状態に陥った。キュルテンは妻の留守中にマリア・バドリックという女性を自宅へ誘いこみ、「ヤット」もいいかと尋ねた。幸いにも彼女は要求に応えて命を救われた——生きて帰ってきたのは後にも先にも彼女だけだった。驚くべきことに、キュルテンは彼女を解放した。恐ろしさのあまり警察へ訴えることができなかったバドリックは、友人に事件について詳細に書いた手紙を出した。その手紙が誤ってフラウ・ブルックナーと呼ばれていた女性のもとへ届けられ、彼女がすぐに警察へ届けた。

　尋問ののち、キュルテンは最悪でも強姦罪ですむと思っていたが、さらに詳しく捜査されると、過去に新聞社が「デュッセルドルフのヴァンパイア」と名づけていた男は自分のことだとわかってしまうだろうと考えていた。悪事はすべて否定していたキュルテンだが、驚いたことに、妻にはすべてを打ち明ける決意をしたため、妻は警察に届けてかなりの報奨金を手にした。1930年5月、妻が警察に届け、キュルテンは逮捕された。そして、79人の女性、子供、男性を残虐な手口で殺害したと自供したが、裁判になったのは9人の殺害だけだった。彼が多数の恐ろしい血に飢えた殺人事件の詳細を次々と並べ立てるのに合わせ、新聞記者は記事を書きなぐった。本人の自白によると、彼はしばしば夜になると公園の湖の周囲を散歩したという。1930年、その散歩の途中で、湖畔で眠っている白鳥を見つけた。それを見たとたん、とてつもない血への欲望が目を覚まし、彼は白鳥を摑むと、喉を切り裂き、首から血を飲み、それで性的解放を得た。

　大きなショックを受けた陪審員は、2 時間足らずの審議で彼に有罪を宣告し、キュルテンは 1932 年 7 月 2 日にギロチンで斬首刑に処せられた。デュッセルドルフのヴァンパイアの人生最後のおぞましい望みは、自分の首が切り落とされ、血が噴き出す音を聞くことだった。キュルテンの化け物のような存在が理解しがたいものであるのと同様に、彼の最後の望みがかなったかどうかも、生きている人間には永遠に謎でありつづけるだろう。

Part
4

VAMPIRES AMONG US

私たちの
なかにいる
ヴァンパイア

✣第 14 章✣

現代の
ヴァンパイア

ほとんどの人はヴァンパイアが存在するとは信じていない
が、存在すると信じる人、血液フェティシズムも含めた
ヴァンパイアのライフスタイル、あるいはマグネティッ
ク・ヴァンピリズム、アストラル・ヴァンピリズム、サイ
キック・ヴァンピリズムといった観点に賛同する人々の集団も増えてきて
いる。本章では、さまざまな種類のヴァンパイアと、広範囲におよぶヴァ
ンパイアの慣習、ヴァンパイアに関する商品の売買、ネットによる交流、
コミック、それに牙からベラ・ルゴシのマントまで、考えられる限りの道
具立てについても検討していきたい。

ヴァンパイアのタイプ

　気軽な会話のなかでヴァンパイアの話題をもち出すとき、ほとんどの人
はおそらく、1931 年の映画『魔人ドラキュラ』のベラ・ルゴシの姿を思

い浮かべるだろう。すると、「ヴァンパイアはみなこんな格好をしているのだろうか」という疑問がわいてくる。一言で答えると、ノーだ。みながみなあのような格好をしているわけではない。大部分は血に飢え、さまざまなパワー、いくつかの弱点といった基本的な特徴をもっているが、ヴァンパイアは——人間がそうであるように——それぞれが背負うべき十字架（一般的な意味での）や独自の方法をもっている。比較的顕著なヴァンパイアのタイプをいくつか取り上げてみよう。

エキゾティックでエロティックなヴァンパイア

　まさにその本質からして、ヴァンパイアはエロティックな魔物であり、その催眠術の力によって、ほとんどの人を、性的なものもそうでないものも、自分たちの命令に従わせてしまう。結局のところ、首筋を咬むということ自体かなりエロティックで、ひめやかで、性的な行為だ。ヴァンパイアは「ロマンティック」だと言われる理由はいくつかある。まず、当事者が乗り気であれば、不死という非現実的な概念は魅力的な要素のひとつだろう。次に、不良少年あるいは不良少女症候群というものがある。これは、人間の荒々しい反抗的な面と、自分にとって何が悪であるかを試すことによって、自分にとっての善を見つけるべきだという考えに呼応する。乗り気でない当事者にとっては——このケースが多いが——ある意味レイプされたも同然で、本人の意に反して言い寄られ、血を吸うという行為を強要されたことになる。これによってヴァンパイアはきっぱりと性的異常者のカテゴリーに入れられ、偏執狂のストーカーと中傷されながら存在することになるのだ。

同性愛の傾向

　ヴァンパイアのセクシャリティーは、いまも盛んに議論されているテー

マだ。ストレートか、それともホモセクシャル、またはレズビアン、それともバイセクシャルか？　無難な答えは、どれも当てはまる、だ。大部分のヴァンパイアは殺害の際にはセクシャリティーは示さないが、恋愛になると、同性を好む者も異性を好むものもいる。しかしながら、小説や映画の多くの例を見ると、恋の相手には同性を選ぶ傾向があるようだ。例えば、アン・ライスの『ヴァンパイア・クロニクルズ』の主人公の多くにも、この傾向ははっきり見てとれる。マグナスはマリウスを選び、マリウスはレスタトを選んだ。レスタトはルイをヴァンパイアにした。異性の命を奪うことには何の問題もないが、連れ（彼らは「子」と呼ぶことが多い）は同性から選んでいる。それは恋愛関係と言えるだろうか。もちろんそうだ。性的関係はあるのだろうか。時には。典型的なヴァンパイアの恋愛は男女の関係、あるいはヴァンパイアとヴァンパイア・ハンターの恋愛のような番外編だが、同性の連れというコンセプトは、通常は性的関係ではないけれども、その底には紛れもなく激しい想いが読み取れる。

シンクレアとのキスは、セクシーな灰色狼と変わらない──あたしの牙をなめ、軽くつねり、息をつきながらうなり、そして……ああ、ほんとにすごい。

──ベッツィ・テイラー
メアリジャニス・デヴィッドスン『ヴァンパイアはご機嫌ななめ』
（和爾桃子訳より）

レズビアンのヴァンパイア

　1872 年、ジョゼフ・シェリダン・レ・ファニュの小説『女吸血鬼カーミラ』において、レズビアンのヴァンパイアというコンセプトが生まれた。ヴァンパイアのカーミラは、邪悪なマーカラ・カルンスタイン伯爵夫人の姿で、熱心な読者に、魅惑的なヴァンパイアは男性だけではないという概念を植えつけた。カーミラはまさしくすべての女吸血鬼の母と言ってよく、それ以後のすべての女吸血鬼はカーミラを基準としている。カーミラはヴァンパイアに必要な特徴を備えているが、レ・ファニュはさらにカーミラと、その執着の対象となる娘ローラとのなまめかしい交流が、徐々にエロティックな興奮状態に達するまでを大胆に描いている。

　　それは恋する人のようでしたので、私は戸惑い、それが厭で仕方がありませんでした。カーミラは私を引きよせ、火のような唇で私の頬に何度もキスをして、むせび泣くような声でささやきます。「あなたは私のもの。絶対に私のものにするわ。あなたと私は、いつまでもひとつですわ」

　　　　　　　　──『女吸血鬼カーミラ』（長井那智子訳より）

　多くの人は、レズビアンのヴァンパイアの誘惑という観点は、男性の幻想の産物だと異論を唱えるだろう。それは今も 19 世紀も変わらない。ひとりの女が熱心にパートナーの本質と存在を奪い去ろうとしているのが確実な場合でさえ、それは単なる出会いの一部であると思いたい人が多い。あらゆる意味において、こうしたシーンの描写は、のぞき見的な関心を誘発する。

リリス

リリスの像は世界の文化に深く根ざしていて、少なくともメソポタミア文明までさかのぼる。1895年、スコットランドのファンタジー作家ジョージ・マクドナルドは『リリス』という小説を書き、リリスをアダムの最初の妻としている。リリスは生命を維持するために、生きた人間の血を吸うという、ヴァンパイアの特徴をもっていた。小説の最後に、リリスはアダムとイブの助けを借りて、神から罪を赦される。

ジョン・コリア『リリス』（1892年）

ヴァンパイアの存在

　現代の思想家のなかには、古い考え方だけでなくニューエイジのコンセプトを使って、ヴァンパイアは存在するという考え方を擁護しようとする人がいる。ヴァンパイアだけでなく、幽霊、シェイプシフター（姿を自在に変える妖怪）などを信じるための妥当な理由はあると彼らは主張する。彼らは熱心に超心理学を擁護しているが、ヴァンパイアはその重要な要素のひとつだ。

天空を飛ぶ

　サイキック・ヴァンピリズム（他人のエネルギー・フィールド〔霊的活力〕を吸いとる行為）の初期の提唱者ダイアン・フォーチュンは、1900年代初頭から中ごろにかけて、イギリスの著名な作家でありオカルティストだった。当時の多くのオカルト理論がそうであったように、フォーチュンも人間はふたつの別個の存在、すなわち物質的な身体と精神的な体（霊体）が結合したものだと信じていた。通常は死ぬとどちらの存在も消滅す

ヴァンパイア関連商品

　牙から芝居用のコンタクトレンズ、マント、白いヘアスプレーまで、ヴァンパイアに変装するための道具は、血も凍るような特殊装備として人気上昇中だ。ヴァンパイアハンティングに行くなら、十字架、杭、木槌、追い払うための特殊な薬品に、体に塗るためのニンニクの匂いのする香水など、ヴァンパイア退治の7つ道具が見つかるだろう。

る。フォーチュンは著書『心霊的自己防衛』のなかで、第1次世界大戦中の、東ヨーロッパのいくつかの部隊が戦闘で殺された事例を取り上げている。そのなかに何人か黒魔術の使い手がいた。彼らは「第2の死」、すなわち彼女が言うところの霊体の死を避けることができ、「負傷者をヴァンパイア化することで、エーテル体として自己を維持することができた……体系的に彼からエーテル的な栄養を引き出した」。ヴァンパイアの犠牲者の運命を考えて、フォーチュンはこう続けている。「ヴァンパイア化した人は、活力を抜きとられ、霊的に真空状態になっているので、抜き取られた活力を補充するために、他の人から活力を吸収しなければならない」

　フォーチュンの記述の大部分は、黒魔術を行うことにより意図的にヴァンパイアになった人、そして、犠牲者になったためにヴァンパイア化した人が存在することをほのめかしている。彼女の考えは、実際に西ヨーロッパにヴァンピリズムはほとんど存在しないが、東ヨーロッパは「黒魔術」の中心地だったために、必然的に本物のヴァンパイアの故郷になったというものだ。

血を吸わないヴァンパイア

　サイキック・ヴァンピリズムにはさまざまな定義があるが、最も一般的なのは、いかがわしい意図をもつ人が、犠牲者を殺すことなく、あるいは知らせたり同意を得たりすることなく、意図的にエネルギーを吸いとるということだ。プラニック（プラーナ的)・ヴァンパイア、エンパシック（共感的)・ヴァンパイア、エナジー・パラサイト、あるいはサイ・ヴァンプなど、さまざまな呼び名があるが、その実行者は、自分たちの行為を正当化し、他人との昔ながらの霊的で無垢な人間関係に戻ろうとしているだけだと主張する。

　彼らは、現代人は工業化しテクノロジーと科学に厳重にコントロールされた世界によって、魂のないゾンビに変えられてしまい、人間にとって自然な霊的エネルギーの交換は無効になってしまったと考えている。宇宙に

シャルル・メリヨン『ヴァンパイア』(1853年)

もっと自然なバランスをもたらすためには、エネルギーを生み出すことが「自然な」状態である者もいれば、そのエネルギーを使って成長することが自然な状態である者もいるということだと、こうしたサイキック・ヴァンパイアは信じている。誰かが自分をじっと見つめていて、心の中を読み取ろうとしているという、うす気味悪い感覚を覚えたことがある人は要注意だ！　彼らはあなたの霊的なエネルギーを吸いとろうとしているのかもしれない。

さまざまなタイプ

　血液フェチというコンセプトは、精神異常者の作り話のように思える。ライフスタイルの一部分として、あるいは強迫観念から血液を摂取する人々には、それぞれの欲求やニーズによって誘発されたさまざまなテーマがある。サンギナリアンは、健康を保つために血を飲みたいという心理的

マインド・ヴァンパイア

1989年の小説『殺戮のチェスゲーム』で、著者のダン・シモンズは「マインド・ヴァンパイア」の存在を示唆している。それは、他人の心を自由に操りながら、何も知らない相手とゲームをする人のことだ。この小説のマインド・ヴァンパイアは、ほぼ不死（誰かに殺されない限りは）で、何世紀にもわたって自分の思うままに世界の出来事を操りながら楽しく生きている。シモンズはまた、1992年の『夜の子供たち』で、ヴァンパイアもののジャンルの主流に貢献している。

私はヴァンパイアだ。
そして、それは真実なのだ。

——クリストファー・パイク
『最後のヴァンパイア(The Last Vampire)』

欲求をもつ人々を指し、多くの場合他人を害さない方法で血を摂取する。病的なヴァンピリズムに罹患した人々は、生き延びるためには血液が必要で、たとえ殺人を犯してでも、何としても血を飲まなければならないと思いこんでいる。病的なヴァンピリズムは、統合失調症のようなはるかに複雑で深刻な心理的問題と関連している場合が多い。

　ヴァンパイアとしてのライフスタイルを追い求めたり、自分は吸血鬼だと——少なくとも印刷物で——名乗った人にとって、ヴァンパイアのように振る舞いたい、ヴァンパイアになりたいという願望は、同じ性癖をもつ人々との交流で満たされるかもしれない。同好の士のグループの大半がそうであるように、インターネットは仲間を捜すための優れた媒体だ。こうしたグループのメンバーは、ヴァンパイアとドナーの役割を演じ、実際に咬みつくことはまずないが、血を流すためにさまざまな方法を使う。多くの場合、ドナーはカミソリの刃で皮膚に小さな傷をつけ、「ヴァンパイア」はその傷口から血を吸う。ヴァンパイアの社会共同体[ソーシャルコミュニティ]のメンバーの多くは、ドナーの役割だけを引き受ける。血を吸わないヴァンパイアはときには「スワン」と呼ばれ、いくつかのカテゴリーに分類される。

◆ブラックスワン：ヴァンパイアとしての
活動にはほとんど関わらない、メンバー
の家族や友人を含む。

◆クリムゾンスワン：流血を行うドナー。

◆クリスタルスワン：霊的エネルギーだけ
を提供するドナー。

◆アンバースワン：血であれエネルギーで
あれ何でも提供するドナー。

チャット用の牙

　ヴァンパイアに関する全般的なことに関心がある人、そして現代のヴァンパイア文化に興味をそそられる人にとっては、机の上に置かれた、驚異的なテクノロジーが生み出した装置が、影の世界（ダークサイド）への入り口になる。では、始めよう。

バーは大繁盛

　HBO が、アメリカ最南部の保守的な州におけるヴァンパイアを描いたドラマシリーズ『トゥルーブラッド』を放映して以来、ルイジアナ州シュリーブポートでは、実在のバーが大繁盛している。「ファングタジア（牙の幻想）」と呼ばれるバーの店内はヴァンパイアに関するテーマが満載で、店のオーナーは自分たちはヴァンパイアだと言い張っている。彼らの正体は、商売上手な経営者だ！

　お好きな検索エンジンに「ヴァンパイア」と入力すると、1500万以上のウェブサイトが表示される。インターネットは民間伝承、研究、小説、映画、それに仲間を捜しているマニアたちの宝庫だ。チャットルームにはあなたの関心を共有できる多くのネット友達が待っている。だが、インターネットでの人間関係には、どうかくれぐれも用心してほしい。ヴァンパイアへの関心は、その性質上ダークサイドに踏みこむことになる。チャットルームやフォーラムには間違いなく危険な連中がたむろしていて、彼らはその言葉がもつあらゆる意味において、捕食者かもしれないのだ。インターネットの安全性を確保した上で、多くのウェブサイトを探検し、そこから学んでほしい。

ナイトクローラーの音楽

　本物のヴァンパイアはおそらく社会に入りこんでいないだろうが、彼らに対する関心は、エンタテインメントの世界のほぼすべての領域に手を伸ばしていて、その中には音楽も含まれる。クラシック音楽が好みの人におすすめなのはいくつかのヴァンパイアものの映画で使われたサウンドトラックで、素晴らしい名曲が含まれている。なかでも傑作は『吸血鬼ドラキュラ』『ハンガー』『インタビュー・ウィズ・ヴァンパイア』『ブレイド』だろう。ゴスロックとヴァンパイアが結びついた最先端のミュージックシーンでは、クレイドル・オブ・フィルス、ヴラド・イン・ティアーズ、デッド・バイ・ドーンなど、直接的にヴァンパイアにエネルギーを向けたバンドがいくつかある。また、現役のゴス・バンドによる、私たちの大好きなヴァンパイアとその同類たちへのオマージュを10数曲集めたコンピレーション CD の『ドラキュラ：ヴァンパイアの王（Dracula: King of Vampires)』も売り出されている。

伴奏曲

1983 年の映画『ハンガー』では、オープニングと、ヴァンパイア
のミリアムと恋人のジョンが夕食を求めてゴス・クラブをうろつく最
初のシーンに、現代のヴァンパイア音楽を効果的に使っている。
誘惑して殺害するシーンを通して、1979 年のゴシック・ロックの『ベ
ラ・ルゴシが死んだ（Bela Lugosi's Dead）』を、この曲を作った
バンド、バウハウスが演奏している。

コミックの<ruby>影<rt>ダークサイド</rt></ruby>の世界

　『スーパーマン』『バットマン』『ファンタスティック・フォー』は忘れ
ても、リバーデール・ハイスクールを舞台に愉快な仲間たちを描いた「アー
チー」シリーズの 1 冊を手に取ったら、神様もお許しくださるだろう。
ヴァンパイアもののコミックは主力市場に血に染まった興奮をもたらし、
血に飢えたマニアたちが暗がりで懐中電灯の明かりを頼りにページをめく
るための、上質のエンタテインメントを提供している。なかでも最も息の
長いヴァンパイアもののコミックのヒーローは「ブレイド」で、1998 年
に公開されて大ヒットした 3 部作の映画になった。ブレイドというキャ
ラクターが初めてコミックに登場したのは、1973 年のマーベル・コミッ
ク社刊行のコミック『ドラキュラの墓（Tomb of Dracula）』だ。このとき
は脇役だったが、その後も主役または準主役としていくつかのシリーズ
に登場し、最近では 2008 年 9 月に刊行された『キャプテン・ブリテンと
MI13（Captain Britain and MI13）』でも主役を務めている。
　『30 デイズ・ナイト』（のちに映画化されてヒット作となった）はス

ティーヴ・ナイルズとベン・テンプルスミスによる 3 巻からなるコミック
で、2002 年に刊行された。ヴァンパイアをテーマにしたグラフィックノ
ベルは、『バフィー、ザ・ヴァンパイア・スレイヤー（Buffy the Vampire
Slayer)』『トワイライト（Twilight)』をはじめ、数多く出版されている。

　コミックのキャラクターとして最も有名なもののひとつは「ヴァンピレ
ラ」で、1969 年に始まり、112 巻が刊行された。このキャラクターは、
故郷の惑星が破壊されため、善い行いをするために地球にやってきた異
星人という設定だ。興味深い展開があって、彼女はアダム・ヴァン・ヘ
ルシング（ドラキュラの宿敵ヘルシング教授の息子）と恋に落ちる。そ
れ以外にコミックでの有名なヴァンパイア・シリーズには、『ドラキュラ
（Dracula)』『真夜中の息子たち（Midnight Sons)』『モービウス（Morbius)』
『スパイダー（Spider)』『ブラッド男爵（Baron Blood)』があるが、他に
もマーベル・コミック社の「マーベル・ユニバース」（マーベル・コミッ
ク社から刊行されるコミック等の物語がつくりだす架空の世界）から生み
出される多くの作品に、何十ものヴァンパイアが登場している。

 ## ヴァンパイアの絵画

　ここ数年間ヴァンパイア関連のあらゆるものに大きな関心が寄せら
れているが、非常に才能のあるアンデッドのアーティストによって、
驚くべき作品が生み出されてもいる。もちろん、自尊心の高いヴァ
ンパイアやその熱狂的ファンの部屋に、豪華なイラストのついたカ
レンダーは欠かせないが、歩く屍のポスター画を見せたら、あなた
の「昼間に出歩く」友人は、あなたがもはやダークサイドの新参
者ではないことを思い知るだろう。

╋第 15 章╋

恐れ知らずの
ヴァンパイア・ハンター

　ヴァンパイア狩りと聞くと胸がわくわくするのは間違いないし、現代的な武器が手に入ったらなおさらだろうが、それでも気の弱い人向きではない。邪悪なものと戦うということは、底知れぬ穴に飛びこみ、相手が何ものかを理解し、そして、願わくば、無傷で生還することだ。本章では、歴史上のヴァンパイア・ハンターとその武器、そしてその洞察力が永遠の闇に光を投げかけた有名なヴァンパイア研究家を検証する。

典型的なヴァンパイア殺し屋<ruby>殺し屋<rt>スレイヤー</rt></ruby>

　ヴァンパイアの領域において、容赦のないヴァンパイア・ハンターを体現する唯一の人物がいる。ヴァン・ヘルシング教授だ。ドラキュラ自身、史上最も有名な文学作品の登場人物だが、自分の素性や弱点をさらけ出せる宿敵がいて、知性、科学、宗教、心理学、兵器を使って彼を倒そうとす

るのでなければ、何の面白味もない。間違いなく、エイブラハム・ヴァン・ヘルシングこそ『吸血鬼ドラキュラ』のヒーローだ。このオランダ人教授には、ヴァンパイア・スレイヤーとして成功するためのあらゆる要素が備わっている。

　ヴァン・ヘルシングは、戦士役を務めるジョナサン・ハーカー、クインシー・モリス、ジョン・セワード医師、アーサー・ホルムウッド、そしてミューズの役割を果たすミナ・ハーカーとともに、計画を実行するための基盤をつくった。ヴァン・ヘルシングをビクトリア朝の有名な進歩主義者の科学者であり哲学者、さらに形而上学者に設定することで、ストーカーは、彼が想像を絶する脅威と戦うのにふさわしい進取の気性に富んだ人間であることを示した。この壮大な戦いは、霊的、精神的、物理的、隠喩的シンボリズムにあふれていて、数十年にわたってヴァン・ヘルシングに不滅の生命を与えた。

人狼対ヴァンパイア

　2004年の映画『ヴァン・ヘルシング』では、天与の不死身という武器をもつヴァン・ヘルシング（ヒュー・ジャックマン）が、最終的にドラキュラ（リチャード・ロクスバーグ）を破滅させる方法を手に入れたとき、興味をそそる最後の対決の火蓋が切られる。この映画では、きわめて邪悪な吸血鬼を人狼だけが倒すことができることになっているが、ヘルシングは仕事をやり遂げるために、人狼に変身する呪いを受けてしまう。

悪魔への対処法

　ヴァン・ヘルシングの人間性について述べたいことはたくさんあるが、ここでは『吸血鬼ドラキュラ』の重要な点にしぼろう。彼はこの小説全般において、分別が勇気の大部分を占めるという規則に従い、自分がヴァンパイアについて知っていることを仲間たちに示す。そして、その膨大な知識を使って、ほとんどのヴァンパイアに関連する特徴と、ヴァンパイアを倒すために使える道具、すなわちニンニク、十字架、斬首、故郷の土に閉じこめること、そして聖餅（ホスチア）について詳細に説明する。ヴァン・ヘルシングによると、問題の核心はこれだ。

　　吸血鬼は生き続け、時を経るだけでは死に至ることなく、生者の血をすすって太り、さらなる力をたくわえる……吸血鬼は、この特殊な食糧さえあれば若返ったごとく新たな身体能力を身に付けることができる……奴には影もなければ鏡にも映りはしない……腕力は何人分にも匹敵するほどで……奴は狼に変身できるようだが……コウモリにも変身できると考えるべきだ……自ら生み出した霧に紛れて行動するらしい……月光の中に埃（ほこり）のような粒子となって現われることもできるようだ……吸血鬼は小さくなることができる。どんなにしっかり戸締まりをし、ハンダのようなもので溶接したとしても、わずかな隙間さえそこにあれば、そこから出入りすることができるのだろう……夜目が利くのも特徴だが……吸血鬼は招かれない限り人の家には入ることができん……水の流れを変えることができるのは、凪ぎや満潮時に限られているらしい……。
　　──ブラム・ストーカー『吸血鬼ドラキュラ』（田内志文訳より）

聖者と恐ろしいもの

映画や小説はヴァンパイア伝説に素晴らしい装飾を施してきたが、その基本はすべてストーカーと彼が生み出した学者のヒーローにさかのぼる。おそらくヴァン・ヘルシングの人となりは、結局のところ、教え子のセワード医師による描写に最もよく表されていると言えるだろう。セワード医師は恩師について「『鉄の神経』と、凍った小川のような冷静さ、不屈の意志と自制心、美点から恩恵と言えるまで高まった忍耐、そして、この上なく親切で誠意にあふれた心をもち、これらが、彼が人類のためになそうとしている気高い仕事、すなわち理論と実践の両方における仕事のための装備を形成している。なぜなら、彼の見識は、そのすべてを包みこむ思いやりと同じくらい広いからだ」と述べている。これこそ、真のヒーロー、すなわち人間がその存在を認識していない魔物から人間を救うために、人間の合理性を差し控えることができる人の描写である。

小説のなかのヴァンパイア・スレイヤー

ヴァン・ヘルシングに対するストーカーの性格描写は、1872 年に出版されたジョゼフ・シェリダン・レ・ファニュの『鏡のなかにぼんやりと（In a Glass Darkly)』の影響を、間違いなく受けている。レ・ファニュが創作した架空の語り手ヘセリウス（Hesselius）博士が書き遺したオカルト現象との遭遇譚 5 編の短編集という体裁をとっている。5 編のなかには、『女吸血鬼カーミラ』も含まれ、これは広く影響を与えた吸血鬼小説のひとつであり、ストーカーはこの小説からかなりのインスピレーションを受けたと考えられている。ヘセリウスとヴァン・ヘルシングが類似していること

は明白で、ストーカーはレ・ファニュの語り手へのオマージュとして、ヴァン・ヘルシングに同音で始まる名前を付けた可能性さえある。その架空の偉業において、ヴァン・ヘルシングとヘセリウスはふたりとも並外れたオカルトの知識を身につけ、悪魔的な力を前にしても同じ態度をとった。ヴァン・ヘルシングを小説のなかのヴァンパイア・スレイヤーの父とするなら、ヘセリウスは名づけ親と言えるだろう。

　ヴァン・ヘルシングに影響を与えたもうひとりの人物は、レ・ファニュが創作したスピールスドルフ将軍で、彼は『女吸血鬼カーミラ』では、姪が魔物に殺されたのちにヴァンパイア・ハンターとなる。カーミラがヴァンパイアだと突きとめると、将軍はカーミラの死体を見つけ、斬首する。『女吸血鬼カーミラ』の終盤近く、スピールスドルフ将軍は木こりから、カルンスタイン村は魔物がもちこんだ疫病によって村人の多くが死んだためにさびれてしまったことを知らされる。その魔物は発見され、掘り起こ

シャーロック・ホームズも
ヴァンパイア・ハンターだった

アーサー・コナン・ドイル卿のシャーロック・ホームズも、あるときヴァンパイア・ハンターになった。『シャーロック・ホームズの事件簿』に収められた短編『サセックスの吸血鬼』では、ホームズとワトスン医師がある館を訪問する。そこでは、母親が赤ん坊の上にかがみこみ、明らかに首の傷から血を吸っているところが2度目撃されていた。結局、事件は吸血鬼とはまったく関係ないことがわかり、理性的なホームズは、吸血鬼は無知蒙昧な迷信だと切って捨てた。

されると、「斬首、杭、焼却という通常の方法」で消滅したという。レ・ファニュの描写は、民間伝承におけるヴァンパイアの退治法とほぼ一致している。だが、話はそれで終わりではない。木こりによると、魔物を退治する過程には、ヴァンパイア・スレイヤーが関わっていたのだ。「旅の途中にこの村を通りかかったモラヴィア人の貴族が、この話を聞くと、その国では多くの人がそうであるように、魔物退治の知識があるので、村を魔物から救おうと言ってくれた」のだそうだ。この仕事をやり遂げるために、魔物が墓から出てくると、スレイヤーはヴァンパイアを礼拝堂へ誘いこみ、奮闘したあと首を切り落とした。その後村人が魔物を串刺しにし、焼却した。

ヴァンパイア狩り

　民間伝承の長いヴァンピリズムの歴史を通して、特に東ヨーロッパのスラヴ地域には、ヴァンパイアの疑いがある者を見抜き、退治する不思議な知識をもつ稀有な人物に言及した文献が多数存在する。特にこの比較的

吸精鬼（ソウル・サッカー）

　『悪魔のいけにえ』で有名なトビー・フーパー監督の 1985 年の映画『スペースバンパイア』では、人間の姿をした3人の宇宙人ヴァンパイアが主役だ。彼らは牙で血を吸いとるかわりに、人間の精気を吸いとる。最初にスペースシャトルを攻撃したあと、彼らはロンドンに到着し、その後壮大なスケールで惨劇が開始される。ひとりだけ生き残ったスペースシャトルの乗組員が率いるヴァンパイア・ハンターの一団がスペースヴァンパイアを追跡し、心臓の真下にあるエネルギーセンターを鉛のシャフトか刀で刺せば殺せることを発見する。

　「情報の多い」現代では、ヴァンパイアを見つけて殺す能力があると称する人間は、近隣住民の恐怖と無知につけこんでわずかな金銭を稼ぐペテン師だという共通認識があるが、この共通認識が真実だという証拠はないに等しいのだ。

　ヴァンパイア狩りの重要な側面として、スレイヤーが本当に仕事をやり遂げたという目に見える証拠がほとんどないことが挙げられる。スラヴ系のヴァンパイア・ハンターは、外をうろついているヴァンパイアを退治することはめったになく、ヴァンパイアの疑いがある者が墓のなかで眠っているところを退治するというケースがほとんどだ。そして、始末されたあと、死体は砕けてちりとなる。

　ヴァンパイア・スレイヤーの存在が、攻撃を受けている人の恐怖を鎮めるのに役立つ場合もある。1720 年代の不名誉なメドヴェギアのヴァンパイアの事件がこれに当たり、恐怖におののく村人たちは、奇妙な偶然の出

恐れ知らずのヴァンパイア・キラー

1967 年、ロマン・ポランスキー監督は『ロマン・ポランスキーの吸血鬼』という映画を製作した。ホラー・コメディ映画で、ポランスキー監督夫人のシャロン・テートだけでなく、ポランスキー監督自身も、ヴァンパイア・ハンターである教授の神経質な助手の役で出演しており、ヴァンパイア狩りの多くの決まり事を茶化している。あるユダヤ人の農夫が殺されて、ヴァンパイアになってよみがえったとき、召使いの娘を襲うが、娘はヴァンパイアを撃退しようと叫び声を上げて十字架を掲げる。すると、ユダヤ人のヴァンパイアはクククと笑い、指を振りながら娘に向かって言う。「そんなモン、効くわきゃねえ」

来事はすべて、ヴァンパイアのしわざだと考えた。プロのヴァンパイア・ハンターを雇い、最も疑わしい——多くの場合直近に亡くなった——死体に杭を打ちこむと、村人の恐怖はやわらぎ、奇妙な音もただの風の音に聞こえるようになり、普段の生活に戻った。これでハンターの使命も達成された。

死者を癒やす

強力な底流としての宗教的信念の存在、文学や科学に対する無知、初期の東ヨーロッパ文化に充満する社会的ドグマのために、ヴァンパイア・ハンターがヒーラーと同等のものとみなされていた可能性は十分にある。古代の医療的行為を行っていたヒーラーは、ヴァンパイア・ハンターの祖先と言ってよく、同じ仕事をほぼ同じやり方で行っていた。杭で突き刺す、

首を切り落とす、腐敗した死体を焼くといった本質的に不穏な問題を取り扱うなかで、ヴァンパイア・ハンターは、平均的な人間にとってあまりに残酷な任務を遂行した。幽鬼の死体を始末する儀式は、その地域の伝統に固有のもので、特別な規則にのっとって行われる必要があり、新参者や十分な経験がない者にはできない仕事だった。プロのヴァンパイア・ハンターを迎えるということは、害虫駆除会社を雇うようなものだった。

共生関係

　スラヴの文化において、ヴァンパイア・ハンターは社会の他の人々と区別され、何らかの点でつねに「目印」があった。こうした目印のなかで最も一般的だったのが「サボトニク」で、伝統的なユダヤ教の安息日であるサバス土曜日に生まれた人を指す。この日にはさまざまなタブーがある。キリスト教の正教会は早い時期に、日曜日を安息日とすると宣言してユダヤ教と分かれたが、土曜日のタブーは伝統に定着し、西ヨーロッパの大部分に広まった。サボトニクは悪魔的な力とのつながりによって汚れているが、それゆえに悪魔を見破る超自然な力を有すると考えられた。

身代わり

　ヴァンパイア・ハンターになる運命の人のもうひとつのよくある「目印」は、未亡人と死後ヴァンパイアになった元夫との性的結合によって生まれた者だ。このような者たちは地域によってグロゴーブ、ヴァンピルディッチ、あるいはヴァンピロヴィッチと呼ばれ、サボトニクと同様、悪魔を見破り、退治する能力をもっていて、その力を授けられた理由も同じ——アンデッドと超自然的な力を共有しているから——と考えられていた。

　人間の女性とヴァンパイアの間に生まれた子供というグロゴーブの誕生にまつわるコンセプトは、ヴァンパイア伝承の重要なポイントを示している。科学に無知だった初期の東ヨーロッパ、そして実際には十分に情報が与えられた現代においても、説明のつかない出来事には、不安に怯える住

覚えておいてね。ヴァンパイア・ハンターには3つのルールがあるの。ひとつ、絶対にヴァンパイアの目を見てはだめ。ふたつ、絶対に十字架を渡してはだめ。みっつ、頭と心臓をねらうこと。銀の銃弾を使っても、どこも吹き飛ばすことはできないわ。

　　　　　——ローレル・K・ハミルトン『幽霊たちが舞う丘』
　　　　　　　　　　　　　　　（小田麻紀訳より）

民をなだめ、ヒステリーを鎮め、社会の統一を維持するために、何らかの説明が必要になる。夫を亡くした女性は、再婚するまで身を慎むべきとされた。未亡人になったばかりの女性が妊娠した場合、最も有効な防衛線は、亡くなった夫がヴァンパイアになり、女性に性的関係を強要したというものだった。いつの時代も、悪事の容疑者を見つけ、退治するための文化的な必需品が存在し、その必要によって、同様に烙印を押されたヴァンパイア・ハンターは、不快だが必要な機能を果たす能力をもつという独自の立場を与えられたのだ。

ヴァンパイア・ハンターの道具

　20世紀の謎で最も好奇心をかき立てられ、解決できないもののひとつに、ドイツのエルンスト・ブロンベルク教授によるヴァンパイア退治用道具の製造と販売がある。ベルギーのリエージュの鉄砲工ニコラス・プロムドゥアーが製作したアンティークの雷管式のピストルは、1800年代後半のものと推定されている。ブロンベルクの道具の多くは近年になって出現し、そのなかには2003年にサザビーズのオークションで1万2000ドルの値がついたものをはじめ、驚くべき値段で売買されたものもある。サザビーズで売買された道具セットには、アンティークのピストルを収めた蝶番で連結された蓋が付いたクルミ材の箱、銀の銃弾10発、木製の杭と木槌、十字架、ロザリオ、魔物を撃退するためのニンニクの粉やさまざまな液体が入ったいくつかの小瓶が含まれていた。ブロンベルク教授の道具の信ぴょう性に関しては、近年相当な調査が行われてきたが、信頼できる証拠はほとんどなく、ブロンベルク教授が存在したという確かな証拠はさらに少ない。

　しかしながら、1897年にブラム・ストーカーの『吸血鬼ドラキュラ』が出版された直後、イギリスでヴァンパイア退治用道具セットが人気を博したという事例証拠がある。おそらく、不安を抱いて東ヨーロッパへ向かう旅行者向けに作られたものと思われるが、みやげ物として購入する人がいた可能性が高い。こうした道具セットのほとんどは精巧に作られていて値段も高く、同時代の珍しいものを好む裕福な人向けに作られた。

　東ヨーロッパにおける初期のヴァンパイア・ハンターたちは、シャベル、自分で削った木製の杭と木槌、そして、無防備なアンデッドの頭部を切り落と

作り話の立役者

2005年、マイケル・デ・ウィンターはインタネット上に、ブロンベルク教授のヴァンパイア・ハンター用キットを最初に考案したのは自分だという趣旨の短い投稿をした。「エルンスト・ブロンベルク教授とリエージュの鉄砲工ニコラス・プロムドゥアーに関しては、ふたりとも私の想像の産物で、あるウェブサイトにニコラス・プロムドゥアーのパリにおける初期のキャリアについて述べられているのを見て驚いた」と書いている。デ・ウィンターが始めたことを誰かがまねしたのは明らかで、エルンスト・ブロンベルク教授とニコラス・プロムドゥアーに関する神話は大いに盛り上がった。

すための斧で間に合わせていた。だが、今日の誇り高きヴァンパイア・ハンターは悪魔退治の道具が手元になければ、絶対に嫌だと言うだろう。もしあなたがヴァンパイア・ハンターとしてのキャリアをスタートさせようと考えているなら、揃えるべき必需品がいくつかある。

◆木製の箱：できればトネリコかサンザシの木材で作られ、蓋に十字架が彫られているものがよい。
◆杭：杭でなくても先の尖ったものなら何でもいいが、伝承によると、トネリコ、サンザシ、ジャニパー、野バラ、セイヨウサンザシ、クロウメモドキなど、地元の硬木が理想的だ。立ち向かう魔物のタイプ次第では、銀の杭が有効である場合もある。
◆十字架またはキリスト像がついた十字架：木箱や杭と同様に、十字架またはキリスト像がついた十字架もトネリコかサンザシの木で作

られたものがよい。

◆聖水：ヴァンパイア・ハンターのほとんどが、聖水を小瓶かスキッ
　トルに入れて携帯している。地元の司祭に頼めば聖水を入れ替える
　か補充してくれるだろう。

◆火：伝統的なヴァンパイア・ハンターはマッチ、ロウソク、トーチ
　を使う。ライターや小型のトーチランプの方が間違いないかもしれ
　ない。

◆鏡：ヴァンパイアは鏡に映らないので、見破るのに役立つし、太陽
　光線をヴァンパイアに浴びせるのにも使える。日光をねらいを定め
　て反射させるのでなければ、飛散防止加工が施された、コンパクト
　より大きいめのものがよい。

◆ニンニク：最も一般的な必需品だ。ヴァンパイアはニンニクが大嫌
　いだ。

◆聖書：聖書の数節を朗読してヴァンパイアに聞かせて脅かすのは、
　ヴァンパイア・ハンターの常套手段だ。相手のヴァンパイアがユダ
　ヤ教徒、ヒンドゥー教徒、仏教の信者、あるいは無神論者でないこ
　とを祈ろう。

　これらの道具が揃ったなら、いよいよヴァンパイア狩りに出かけてみて
はどうだろう。

ヴァンパイアの捕まえ方

　ウェス・クレイヴンによる 2000 年の映画『ドラキュリア』では、ヴァン・
ヘルシング（クリストファー・プラマー）は基本的な道具を使ってドラキュ
ラ（ジェラルド・バトラー）を捕らえる、革新的な方法を思いついた。悪
魔のような吸血鬼をロンドンのうす暗い路地へ誘いこみ、ヴァン・ヘルシ
ングは建物の入り口へ姿を消す。ドラキュラは何かおかしいと感知して立

ち止まる。その時点でヴァン・ヘルシングは再び姿を現し、ドラキュラは彼に近づいていくが、鏡を見ていたことに気づく。ドラキュラは鏡に映らないので、ヴァン・ヘルシングはドラキュラの背後に立ち、その周囲に鉄格子を落として、魔物を独房のなかに囲いこんだ。

ナイトクローラーを仕留める

　ヴァンパイアを捕まえる最良の方法は、『凶人ドラキュラ』でクリストファー・リー演じるドラキュラに対して行われたように、日光にさらしたり、たいまつをかざしたり、あるいは溺れさせたりして追いつめていくことだ。秘訣は、武器になりそうなものや頭に浮かんだアイデアを何でも活用することだ。例えばフランク・ランジェラがドラキュラ伯爵を演じた1979年の『ドラキュラ』では、ドラキュラが船倉で最後の抵抗をしたとき、ヴァン・ヘルシングは一瞬の隙をついて彼を縛りつけ、マストのてっぺんまでつり上げて日光で焼くことができた。『ドラキュリア』でも同様の方法を使い、マリー・ヴァン・ヘルシングがドラキュラの首にケーブルを巻きつけ、ともにビルの端から飛び降りた。下から見上げると、ドラキュラはビルからぶら下がり、昇ってくる朝日に焼かれていた。

ナナカマドで追い払う

　ニンニクと同様に、ナナカマドの木もヴァンパイアを撃退する手段として一般に知られている。この木から十字架を作ったり、ヴァンパイアを排除するために墓地に植えられたりする。また、ナナカマドに近づくのを避ける人は、ヴァンパイアではないかと疑いをかけられるかもしれない。

まずは基本から

　小説や映画、特に昔の傑作映画では、ヴァンパイアを破滅させる標準的な方法は、眠っているところを襲い、心臓に杭を打ちつけることだった。しかしながら、この方法は現在のヴァンパイアに必ずしも有効な手段とは言えなくなった。現在のヴァンパイア・ハンターはそれぞれに敵の弱点を見定め、その弱点をうまく利用しなければならない。どんな状況であれ、ヴァンパイア狩りに確固たる規則はないと言っても過言ではないのだ。最善の方法は、基本から始めて、そこから有効なことを見つけていくことだろう。

何より、死ぬことを強く求めていた。僕は自ら死を招こうとしていた。殺し手は誰でもいい。売春婦でも、そのヒモでも。だが、ヴァンパイアが来るとは……

——映画『インタビュー・ウィズ・ヴァンパイア』
ルイのせりふ

ハイゲイトのヴァンパイア

　現代のヴァンパイア・ハンターは昔の東ヨーロッパのあちこちにいた殺し屋と比べると、比較的変わった人が多い。最も有名なヴァンパイア狩りのひとつが、1970 年のロンドンのハイゲイト墓地を舞台にしたものだが、それを指揮したのはひとりの果敢なハンターではなく、「ハイゲイトの怪人」をめぐって何度も対決することになった、ライバル関係にあるふたりの「ヴァンパイア・スレイヤー」だった。デヴィッド・ファラントとショーン・マンチェスターはこの邪悪な力に対する、喜劇ではなく命がけの聖戦の闘士であり、ふたりは 30 年以上にわたって、その立場を精力的に守っている。

由々しき事態

　ハイゲイト墓地の奇妙な現象は早くも 1920 年代から起こっていて、墓地の近くで巨大なコウモリのようなものを見たという報告が何件も寄せられた。その後捜査中の警官がその生き物が墓地を徘徊しているのを見て、追い払ったそうだ。その直後、何人かの犠牲者が首の傷の治療を求めたた

め、たちまちヴァンパイアがうろついているといううわさが広まり、数十年にわたって定着した。1960 年代初頭になると、墓地でヴァンパイアを目撃したという情報が何件か寄せられ、死体が墓から起き上がったとか、魔物がうろついていたという報告があった。うわさの数が増え、メディアの注目が高まるとともに、1969 年にハイゲイト墓地はスリルを求めるオカルティストたちのグループの興味を引くようになり、そのなかにデヴィッド・ファラントとショーン・マンチェスターもいた。ふたりはヴァンパイアらしき存在の起源を明らかにするために、墓地に忍びこんだ。

号外、号外！

　ファラントとマンチェスターの論争は、ニュースに飢えていたイギリスのメディアにはたまらなく魅力的なものになった。そして、マンチェスターが 1970 年 4 月半ばにヴァンパイア狩りを決行すると公表すると、マスコミは早速ふたりのインタビューをテレビ放送した。数時間のうちにやじ馬が大挙して墓地に押しかけ、悪名高い「ヴァンパイア」をひと目見ようと施錠された門や壁をよじ登った。苛立った警官は最終的に墓地からすべての人を追い出したが、ヴァンパイア伝承におけるハイゲイト墓地の地

ライバル同士

ショーン・マンチェスターとデヴィッド・ファラントは、それぞれのヴァンパイアとの「遭遇」をネタに細々と商売を続け、各々の英雄的行為を描いた本を何冊も書いた。自らヴァンパイアの専門家でハンターと名乗るふたりは、最初に注目を浴びたメロドラマ的な反目を維持し、今日もその状態は続いている。

位は公式に保証された。

　ハイゲイト墓地の騒動で勢いづいたファラントは、数カ月後に墓地の敷地内で十字架、木槌、木製の杭をもち歩いているところを逮捕された。不法侵入で無罪判決を受けたが、ファラントの逮捕は再びメディアの注目を集めた。マンチェスターもまた、本人の話によれば、墓地を訪れてヴァンパイアの死体を発見したが、友人からそのままにしておくよう説得されたと主張した。数年後、マンチェスターは同じヴァンパイアの死体を近所の空き家で発見したと述べた。

有名なヴァンパイア研究家

　何世紀もの間に、ヴァンパイアと魔物の研究を専門に行う多くの学者、歴史家、年代記編者、専門家、民俗学者がいた。そのなかには、アンデッドについて学び、明らかにし、論じることに生涯を捧げた人もいて、その意見と研究の基盤は、民間伝承からヴァンピリズムのものと思われる文献、連続殺人犯、現代の血液フェチの手法まで、ありとあらゆることを対象にしている。多くの人は吸血鬼という魔物の伝説に光を当てているが、ヴァンパイアについてより包括的な視点を提供することに自分の評価を懸けてきた人もわずかながら存在する。

◆レオ・アラティウス：1600年代半ばのギリシア・カトリックの学者で、ヴァンパイアとギリシアの歴史の関連性を作った最初の歴史家のひとりだ。アラティウスの仕事は、カトリック教会がヴァンパイアを現実として受け入れていたことを示す最初の例のひとつである。

◆ジュゼッペ・ダヴァンツァーティ：ヨーロッパに広がったヴァンパイア・ヒステリーの波に応えて、イタリア人大司教ダヴァンツァーティは 1744 年に、ヴァンパイア現象はヒステリーであり妄想だと非難する影響力のある論文を発表した。彼はキリスト教会内だけでなく、ヨーロッパ全体でヴァンピリズムの第一人者として知られるようになった。

◆アントワーヌ・オーギュスタン・カルメット：フランス人のベネディクト修道士カルメットは、1746 年にヴァンパイアと幽鬼に関する論文を発表したが、ヴァンピリズムと、魔女や悪霊との関係を取り上げた最初の聖職者のひとりで、その論文はそれらの魔物の存在に対する証拠の重要な要素となった。

◆フランツ・ハルトマン：1900 年代初頭、その時代の有名なドイツ人医師でオカルティストだったハルトマンは、ヴァンパイアに関する、広く流布し、真実とされる出来事について本を書いた。ハルトマンはサイキック・ヴァンピリズムの概念の創始者で、ヴァンパイアは人間の血は吸わないが、人間のエネルギーと生命力を吸いとると説いた。

◆モンタギュー・サマーズ：モンタギュー・サマーズなしには、どのヴァンパイア研究家のリストも完成しないだろう。彼の専門家としての、そして 1928 年以後のいくつかのヴァンパイア研究書の著者としての有名さにもかかわらず、自説を曲げない、一風変わった人物として知られていて、今日では一般に、綿密な研究を、想像力豊かな内容に脚色して発表した人物として認識されている。

◆レイモンド・T・マクナリーとラドゥ・フロレスク：ヴァンピリズムに関して活動的なふたり組マクナリーとフロレスクは、ブラム・ストーカーの『吸血鬼ドラキュラ』の起源を調査し、『吸血鬼ドラキュラ』はヴラド・ドラキュラの偉業に基づいたものとする最初の説を確立した。だが、この理論は1972年の発表当時から批判を浴びた。マクナリーはまた『ドラキュラは女性だった：トランシルヴァニアの血の伯爵夫人を求めて（Dracula Was a Woman: In Search of the Blood Countess of Transylvania）』の著者でもあり、そのなかで、彼は悪名高き血に飢えた殺人者エリザベート・バートリによる神話、現実、恐怖を調査している。

◆エリザベス・ミラー：ニューファンドランド大学教授のミラーは、ヴラド・ドラキュラ、ブラム・ストーカーと『吸血鬼ドラキュラ』、ヴァンパイアの歴史と伝承に関する世界有数の専門家だ。数十編の論文と、評価の高い6冊の著書を書いている。主な著書としては『ドラキュラ：その陰影（Dracula: The Shade and the Shadow）』『ドラキュラに関する考察（Reflections on Dracula）』『ドラキュラ：意味と無意味（Dracula: Sense & Nonsense）』『ドラキュラの手引き書（A Dracula Handbook）』がある。

不死者との戦い

ヴァンパイアがあなたに忍び寄っていると想像してみよう。アンデッドの悪魔からどうやって身を守るだろう。超常的な武器庫に、どんな武器が必要だろう。最も重要なこととして、どうすればヴァンパイアを退治できるだろう。幸い、あなたが使える方法や道具はいろいろある。ヴァンパイアが大嫌いなニンニクやヴァンパイアが恐れる宗教的な品々から、首を切り落とし、心臓に杭を打ちこみ、死体を燃やすことまでさまざまだ。

　ヴァンパイアを退治することは可能だが、一時的にせよ彼らと距離を保っておく方が、ずっと安全な選択だ。何世紀にもわたり、民間伝承、小説、映画を通して、私たちは夜の魔物を阻止し、犠牲になりうる者から遠ざけておくための多数の道具を熟知するようになった。これらの道具──例えばニンニクや十字架──では、この不死者を殺すことはできないかもしれないが、彼らから身を守ることはできると考えられている。結局、有能なヴァンパイア・ハンターなら、十字架、ニンニク、聖水、杭、暗唱できる聖書の数節、必要なときはすぐに火をおこせる方法を忘れることはないだろう。

　社会が進化するとともに、ヴァンパイアそのもの、ヴァンパイアが嫌うもの、そこからの逸脱、そしてヴァンパイア退治の方法も変化した。伝説の吸血鬼を撃退する、あるいは殺すための方法として伝えられてきたものは、広範な現代の魔物には通用しないかもしれない。だが、まずは基本から、すなわち最近の実証済みの方法から始めるのが賢明だ。

実用的な防御策

　家の周囲にある品物のいくつかは、多くの場合、ヴァンパイアを追い払うことができる。なかでもニンニク、塩、ロウソク、香、ベルは過去にヴァンパイアに対して有効であることが証明されている。これらの方法のいくつかは民間伝承でもおなじみで、ジョン・ポリドーリ、ジェームズ・マルコム・ライマー、ジョゼフ・シェリダン・レ・ファニュ、そしてもちろん、ブラム・ストーカーら、初期のヴァンパイア小説の著者も使っている。

ニンニク

　ニンニクは、ヴァンパイアの襲撃を避け、古代から存在する魔物から身を守るために使われる最も一般的な品物のひとつだ。ニンニクには自然治癒力があり、昔から香草としてだけでなく、医療目的や癒しとしても使われてきた。多くの民間伝承やストーカーの『吸血鬼ドラキュラ』では、ヴァンパイアの首を切り落としたあと、口にニンニクを詰めているが、同様に、一般の死体に対しても、アンデッドに加わることがないように口にニンニクを詰めている。『吸血鬼ドラキュラ』では、ヴァン・ヘルシングはルーシーの部屋をニンニクの花と球根で埋めつくすとともに、ドラキュラが入ってこないように、ドアの枠や暖炉にニンニクをこすりつけたりもしている。

　ヴァンパイアものの民間伝承では、多くの人がニンニクを忌避剤として使っている。ヴァンパイアの感覚、例えば視覚、聴覚、嗅覚が鋭いなら、ニンニクを輪にして首にかけたり、家の周囲にばらまいたり、人間、動物、物体にこすりつけたり、あるいは液体にして噴霧すると、ヴァンパイアを寄せ付けないというのは理にかなっている。

　疫病が流行した時代には、ニンニクの匂いは魔物や死臭だけでなく、病

大きなヴァンパイア、小さなヴァンパイア

　ニンニクがヴァンパイアを撃退するという理論は、ヴァンパイアと蚊の類似性から生まれた。どちらも犠牲者を刺し、血を吸い、その行為によって病気を広める。蚊もその他の虫も、ニンニクで追い払うことができる。

気そのものを寄せつけないと信じられていた。ヴァンピリズム自体が疫病と考えられていた事実を考慮すると、ニンニクがこの目的で広く使用されていたのは驚くには当たらない。ニンニク以外にも、香、ジャニパー、堆肥、人間の糞便、それにあらゆる香水など、匂いのあるものがしばしば魔物を食い止めるために使われた。

塩と種

　私たちの多くは、今でも迷信的な行動をとることがある。災難よけに木を叩いたり（自慢話などをした直後に災いを避けるためにするまじない）、道路などの地割れの部分を踏むのを避けたり、邪悪なものを追い払うために肩越しに塩を撒いたりする。最後のケースについて言えば、ヴァンパイアの襲撃に備えて手に塩を握っておくのには、もっともな理由がある。塩化ナトリウムは、古代あるいは現代の超自然的、超常的、宗教的信念の必需品だ。歴史を通して、塩は食品の保存に使われ、古代エジプト人はナトロンという形で、ミイラ化のプロセスを完璧なものにするために使用していた。塩はまた純粋さの象徴、あるいは邪悪なものを寄せつけないための手段としての役割を果たしている。いくつかの伝説では、ヴァンパイアは塩で作ったラインを越えることができないため、ヴァンパイアがうろついていると考えられる場合は、窓、ドア、暖炉、そして家全体が途切れない塩の線で取り囲んだ。

　塩と同様に、種もヴァンパイアを撃退する方法として使われてきた。カラシの種が最高とされるが――おそらくイエス・キリストのたとえ話からの宗教的つながりのためだろう――それ以外にはコショウ、大麦、キビ、ニンジンなどの小さな種や粒、野バラのトゲを集めたものも使われる。ある伝説では、ヴァンパイアは種を見ると、それを数えなければ気がすまず、犠牲者を調達するために村へ入るのは後回しになると言われている。あるいは、ヴァンパイアは1年に1粒しか種を数えられないので、一握りの種があれば、長い間ヴァンパイアを遠ざけておくことができるとする民

間伝承もある。また、ヴァンパイアは種を数えるのに夢中になるあまり時間が経つのを忘れ、気がつけば太陽が昇りはじめているので退散せざるをえなくなるのではという見解もある。死体や棺のなかや周囲に種や塩が撒かれる風習があったが、それは死体がヴァンパイア化したり、ヴァンパイアが墓から起き上がるのを防ぐためだった。

神聖な武器

　ヴァンパイアに関する多くの伝説では、宗教的な偶像が身を守る重要な役割を果たしている。ストーカーは『吸血鬼ドラキュラ』でこの根源的なテーマを重要な場面で使ったが、すべての作家がこの伝統を使いつづけてきたわけではなく、ヴァンパイアに対する宗教的な武器の効果は作品によってさまざまだ。映画『インタビュー・ウィズ・ヴァンパイア』では、ルイ・ド・ポワント・デュ・ラックはインタビュアーに対して、十字架はむしろ好きだときっぱり告げている。これは現代的なヴァンパイアに共通

「入れてくれ！」

ヴァンパイアに関する伝承のひとつに、ヴァンパイアは初めて訪れる家には、招待されない限り入ることができないというものがある。映画『バッフィ／ザ・バンパイア・キラー』では、ルーク・ペリーの部屋の窓の外から、ヴァンパイアになったクラスメートが涙ながらに「部屋に入れてくれ！」と頼むシーンがある。ペリーは断るが、それにはもっともな理由があった。その元友人が2階の窓の外で地面から浮かんでいるのに気づいたのだ。

するテーマで、彼らはしばしば、恐怖におののいた人間が宗教的工芸品で攻撃をかわそうとするのを、あざけったり軽蔑したりする。十字架や聖水のパワーが有効なのは、それを使う人が信じているとき、そしてアンデッドが信じようとしないときだけだと言う人もいる。それでも、ニンニクと同様に、十字架のような神聖な武器はヴァンピリズムとの本質的なつながりを維持している。

クロスかクルーシフィクスか

　ヴァンパイアに対して使われる武器は十字架（クロス）かキリスト像つき十字架（クルーシフィクス）だ。クルーシフィクスには磔刑にされたキリスト像がついていて、おもにローマ・カトリック教徒のシンボルだ。それ以外のキリスト教徒は、磔刑後のキリストを象徴する普通のクロスの方を好む。クロスよりクルーシフィクスの方がパワーが強いと言われているが、どちらの場合でも、そのエネルギーは所持する人がどれだけ強くそのシンボルを信じるかによる。『吸血鬼ドラキュラ』では、ドラキュラ城への出発を控えたジョナサン・ハーカーに、不安にかられる村人がロザリオを手渡し、ハーカーが困惑す

風車の十字架

1960年の映画『吸血鬼ドラキュラの花嫁』では、ヴァン・ヘルシング（ピーター・カッシング）が、デヴィッド・ピール演じる邪悪なマインスター男爵に対し、画期的な方法で風車を使った。ヴァン・ヘルシングは風車の羽根に飛びのり、地面に巨大な十字架の影を落とすように慎重に向きを変え、それで男爵を動けなくして殺そうとした。

る場面がある。

　伝統的な民話では、クルーシフィクスをヴァンパイアに押しつけると皮膚が焼けるので、ヴァンパイアに咬まれたが、まだ完全にはヴァンパイアに変身していない者に烙印を付けることができるとされた。さらに、クルーシフィクスあるいはクロスは、魔物の力の源を奪いとり、魔物を弱体化させるとする伝説もある。クロスかクルーシフィクスをドアに掛けておけば、ヴァンパイアは部屋に入ることができず、墓場にクロスを置くと、ヴァンパイアは墓に入れなくなるという話もある。クロスの利点は、ロウソク立て、剣、木の枝のような十字の形にできるものなら何でも使って、間に合わせで作れるところだ。しかしながら、最近ではヴァンパイアもののパロディにあるように、クロスやクルーシフィクスを使っても、ヴァンパイアの存在に脅威を与えない場合が多くなってきた。

聖水

　水は生命の主要なシンボルとして、精神的・肉体的な浄化メカニズムとしてのパワーを保っている。私たちは生命としての最初の9カ月を母親の胎内で水に浸かって過ごし、私たちの体はほとんどが水でできている。とはいえ、生者でも死者でもない幽鬼にとっては、水――特に聖なる水――はもはや使い道もなければ、尊敬の対象でもない。洗礼や赦免のようなさまざまな宗教的儀式で使われる水、すなわち聖水は、聖職者によって浄められ、神の祝福を受けた水――特にカトリック教会や東方正教会では――なので、特別なパワーと用途があると信じられている。そのなかにはヴァンパイアをはじめ、不浄な魔物を撃退するパワーも含まれている。

　聖水は純粋で清浄であるため、酸が人間の体を焼くように魔物の体を焼き、激しい痛みとヒリヒリする火傷を負わせると言われている。幽鬼に

なったばかりの者にとって、これは致命傷になる。ヴァンパイアと疑われる死体は掘り起こされ、よみがえらないようにする儀式では、聖水が使われることが多い。同じように、魔物が隠れ家に戻ってこないように、墓や棺の上に聖水が撒かれる場合もある。塩と同様に聖水も、ヴァンパイアの侵入を防ぐために、窓枠や戸口に撒かれる。

聖餅 _{ホスチア}

　ホスチアは、十字架や聖水ほど一般的ではないが、ヴァンパイアに対するもうひとつの防御策だ。ホスチアは神の祝福を受けた薄いパンで、聖餐式ではキリストの体を表す。『吸血鬼ドラキュラ』では、ヴァン・ヘルシングがルーシーの空の棺を発見したあと、ホスチアを細かく砕いてパテで固め、それを使ってルーシーの墓所のドアの周囲を封印した。それは何かと尋ねられると、アムステルダムからもってきた「ホスチアだ」と答える。その後も彼は何度かホスチアを使うが、最初はミナをさらなる被害から守るためだった。ところが、ヴァン・ヘルシングがホスチアをミナの額に当てると、ミナは悲鳴を上げた。それはまるで「白熱した金属」のように彼女の肌を焦がした。その事件のあと、吸血鬼狩りの一団はカーファックスの屋敷へ進み、土が詰まったドラキュラの箱を発見する。ヴァン・ヘルシングは再びホスチアを取り出す。

　　さて、では仕事に取りかかるとしよう。あの化け物が悪しき目的のために遙々かの地より運び込んできた聖なる記憶の土壌を、消毒しなくてはいかん。奴めがこの土をわざわざ選んだのは、神聖であるからこそだ。我々はそれをさらに神聖化し、奴を滅ぼす武器としようというわけだ。人のために神聖化されたこの土を、神のために神聖化するのだ。
　　　　──ブラム・ストーカー『吸血鬼ドラキュラ』（田内志文訳より）

　それからヴァン・ヘルシングは土が詰まった箱を開け、土の上にホスチアを置き、ドラキュラが箱の中へ戻れないように蓋を元通り閉めなおした。ストーカーはホスチアを使うことで、善対悪、道徳対不道徳、闇対光といった問題を明確に示した。ホスチアの宗教的重要性を使って、ビクトリア時代の精神的混乱を浮き彫りにしようとしたのだ。ホスチアが聖水ほど一般的に使われない理由のひとつとして、入手が困難なことが挙げられる。キリストの体を表すという重要性から、一般にホスチアは教会の聖櫃（せいひつ）のなかにしまい込まれ、たやすく手に入らなかった。1992年の映画『ドラキュラ』でフランシス・フォード・コッポラ監督は、ミナの額のやけどとドラキュラの傷の消滅も含め、ストーカーのホスチアを使った策略に敬意を払っている。

月明かり

　月明かりのパワーは人狼と密接に結びつけられ、映画や小説ではおもに雰囲気づくりのために使われているが、ヴァンパイアがよみがえる場面でもよく使われている。ジョン・ポリドーリの小説『吸血鬼（The Vampyre）』では、ルスヴン卿が自分の死体を「死後最初に昇った月の冷たい光にさらせ」と命じ、そのあとよみがえっている。

鏡

　ヴァンパイアのさらに驚くべき特徴のひとつ
が、鏡に姿が映らないことだ。目は心の窓という
が、それならば鏡に姿が映らないことは、ヴァン
パイアには魂がない証明になる。このことから、
ヴァンパイアは地獄へ落ちる運命にあるのか、そ
れとも呪いが解けたら最終的には赦免されるのか
という疑問とともに、ヴァンパイアには果たして
魂があるのかという疑問がもちあがる。

　ストーカーの『吸血鬼ドラキュラ』でも鏡を嫌
うシーンが出てくる。そしてこの本が出版されたあと、このことはヴァン
パイアの伝説の一部として受け入れられた。ジョナサン・ハーカーは日記
に、ドラキュラ城には鏡がないと書いている。これに続く描写は最もぞっ
とする場面のひとつで、ハーカーが自分のひげそり用の小さな鏡を使って
ひげをそっていると、ドラキュラ伯爵が背後から近づいてくる。だがヴァ
ンパイアの姿は鏡に映らないため、ハーカーは気がつかない。突然伯爵の
声がして、驚いたハーカーは頬をすこし切ってしまうが、それにも気がつ
かないほどだった。

　　「気をつけなさい。切り傷などつくらぬよう、十分に。この国では君
　　が思うよりもよほど危険なことなのだよ」伯爵は手鏡を取り上げる
　　と、言葉を続けた。「こやつのせいで、君はそんな目に遭ったのだな。
　　こんなものがあるから、人は惑わされ、自惚れる。さっさと消え去れ
　　い！」そう言って、恐ろしい手で重い窓をひと息に開け放つと、伯爵
　　は鏡をそこから放り出してしまった。鏡は中庭に敷かれた石の上に落
　　ちると、粉々に砕け散った。
　　　　──ブラム・ストーカー『吸血鬼ドラキュラ』（田内志文訳より）

ヴァンパイアを殺す方法

　ヴァンパイアは、すべての幽鬼と同様に、奇妙な二項対立のなかに存在している。彼らはもはや生きてはいないが、死んでもいない——すなわち、アンデッドなのだ。だとすれば、どうやって殺せばよいのだろう。そのためには、あなたが始末しようとしているのは、どんなタイプのヴァンパイアか、始末するのに最適な方法は何かを突きとめるために、ちょっとした実験が必要だ。小説や映画に出てくるあらゆるタイプのヴァンパイアについて興味深いのは、ほとんどの場合、たとえその方法が何らかの偽装を施したものであっても、伝統的なやり方で殺す方法が存在するということだ。

串刺しにする？

　ヴァンパイアを退治する最も一般的な方法のひとつは、心臓に杭を突き刺すことだ。言うまでもなく、これは超自然的な悪党の凶行に華々しく終止符を打つときに、昔から小説や映画でよく使われてきた方法だ。杭を突き刺すという行動は、特にジョゼフ・シェリダン・レ・ファニュの『女吸血鬼カーミラ』やストーカーの『吸血鬼ドラキュラ』のような初期の文学作品に使われているが、先の尖った杭を使うというコンセプトは、ヴァンパイアものの民間伝承だけでなく、他の多くの幽鬼の伝説でも使われている。この考えは、幽鬼たちが二度と墓から起き上がってこないようにするためのものだ。伝説によっては、埋葬された死体が動かないように、死体を貫通した杭を地面に突き刺さすものもあれば、血を吸うのを防ぐために、舌に釘やトゲを突き刺す文化もある。

　杭で突き刺す方法の利点は、多くの場合、杭を突き刺されたヴァンパイアは、砕けてちりとなる前に、その顔に一瞬平安と満足の表情が浮かぶと報告されていることだ。民間伝承、そして小説や映画では、これはヴァンパイアの魂が、苦悩の果てについに安らかな眠りについたことを示す。し

杭を突き刺す方法

ある伝説では、杭は地下に掘られた墓の天井になる地面に打ちこまれ、死体が起き上がろうとすると、杭が突き刺さるという仕組みになっていた。杭を頭に突き刺して、地面に固定している場合もある。また、伝説によっては、ヴァンパイアが土を掘って外へ出ないように、背中に杭を突き刺し、うつ伏せに埋葬する場合もある。杭で突き刺されただけでなく、首を切り落とされ、口にはニンニクを詰めこまれた死体もあれば、心臓を取り出し、焼却して灰にされたものもある。

かしながら、ヴァンパイアを串刺しにしても、必ずしも二度とよみがえらないことを意味しない場合もある。

　1970年の映画『ドラキュラ血の味』では、クリストファー・リーが演じるドラキュラは、燃やされて灰になった。しかし、その年の後半、『血のエクソシズム／ドラキュラの復活』では、この灰が血を貪ったコウモリから滴った血を浴びると、驚くなかれ、ヴァンパイアの王がよみがえるのだ。同じ原理は、1973年の映画『スクリーム・ブラキュラ・スクリーム（Scream Blacula Scream）』の主人公ブラキュラにも適用されている。

光あれ！

　もうひとつ、ヴァンパイアを破滅させるためによく使われるものに日光がある。ヴァンパイアは死体がアンデッドとしてよみがえったものなので、ほとんどの場合、心臓は鼓動しておらず、体も氷のように冷たいため、太陽の熱は容易にヴァンパイアを破滅させることができる。しかしな

ヴァンパイアとヴァンピール

日光の破壊力を用いる最も邪悪な展開は、おそらくヴァンパイアが他のヴァンパイアを殺すために使う場合だろう。『夜明けのヴァンパイア』でアン・ライスは、レスタトの殺害を企てた罪として、この運命をクローディアとマデリーンに与えた。映画『アンダーワールド』では、長老ヴィクターは娘のソーニャがライカンのリーダーであるルシアンの子供を身ごもったために、ソーニャにこの運命を授けた。

がら、この慣習がつねに有効とは限らない。民間伝承のヴァンパイアのなかにも日中でも動きまわることができるものはたくさん存在するし、小説や映画に登場する昔ながらの、あるいは現代的なヴァンパイアも同じである。例えば、ハンガリーのヴァンピールは死体がよみがえったものだが、新しい村へ移動する。多くの連続殺人犯と同じように、ヴァンピールは日中は普通の人として暮らし、夜になるとモンスターに変身するのだ。『吸血鬼ドラキュラ』でブラム・ストーカーはドラキュラを、パワーはいちじるしく弱まっているが、日中に二度登場させている。ホイットリー・ストリーバーの小説『薔薇の渇き』では、不死の存在たちはそれほど日光に影響されない。「ブレイド」と同じように、彼らは昼間も普通に生活しているが、それはひとつには人間とヴァンパイアの混血という特徴のせいと言える。

　日光がヴァンパイアを殺す手段として一般に広まったのは、1922年のF・W・ムルナウ監督による画期的な無声映画『吸血鬼ノスフェラトゥ』からで、オルロック伯爵はエレン・フッター（別名ミナ・ハーカー）が『吸

血鬼の書』を読んで仕掛けた罠に落ちる。エレンは伯爵を自分の部屋に入れ、伯爵はエレンの血を吸うことに夢中になる。そして雄鶏が朝を告げると同時に、伯爵は朝日を浴び、たなびく煙となって消滅する。それ以来、多くの映画や小説のヴァンパイアは日光をひどく嫌悪するようになる。日光を受け入れる能力を獲得したものもわずかながら存在するが、アン・ライスのヴァンパイア——特にアーマンド——の場合は、日光の中に身を投げて命を絶つという選択をする。

火

　火は人類のあけぼのからずっと、歴史の主柱のひとつだ。人間は火によって体を温め、料理をつくってきた。また、火は破壊の手段としても使われる。魔女、魔法使い、シャーマン、聖職者、それにあらゆる種類の善と悪の魔術師もよく火を使う。隠喩的領域では、火は水と同様に、浄化と純化の手段だ。聖書では、神は燃える柴の形をとってモーセの前に現れた。その背後にある歴史において、火には良い評価も悪い評価もある。ヴァンパイアものの民間伝承では、その効果は使い方によるところが大き

いが、火は邪悪なものとの戦いの手段としてよく用いられている。

　民間伝承では、しばしば魔物たちの死体を掘り起こし、燃やして灰にしている。ほとんどの場合、これはヴァンパイアが本当に死んだとみなせる最も確実な方法だった。だが、現代では少なからぬ小説や映画のヴァンパイアが、灰のかたまりになってからでもよみがえり、また、ほんの少しの灰からでもよみがえることもある。同様のことが、火でヴァンパイアを脅かすことにも言える。多くのヴァンパイアに再生能力があり、そのために刺し傷や銃で撃たれた傷からすみやかに回復するのであれば、火をかけても死ぬという保証はない。例えば、2004年の映画『ヴァン・ヘルシング』では、ドラキュラはフランケンシュタインによって燃えさかる暖炉に投げこまれるが、ドラキュラは炎の中から抜け出し、焼けた顔もすぐ元通りになる。

河川

　前にも述べたが、水は生命の主要なシンボルのひとつで、聖水はヴァンパイアにダメージを与えることができるが、浄められていない水でも、アンデッドに難題を突きつけることになる。民間伝承では、ヴァンパイアは

ヴァンパイアの追放

　一方、民間伝承のなかには、ヴァンパイアやその他の幽鬼は、水で囲まれた孤島へ追放できるという言い伝えもある。そうすれば、彼らは社会とのつながりを絶たれ、栄養補給できずに死ぬと考えられる。この場合、ヴァンパイアは塩を苦手とするので、海水は二重の効果を発揮する。

流れている水を歩いて渡ることも、泳いで渡ることもできない。しかしながら、ストーカーの『吸血鬼ドラキュラ』や他の多くの例で見るように、船を使って渡ることができる。ヴァンパイアが実際に溺れるかどうかは定かではないが、いくつかの伝説によるとヴァンパイアは泳げないにもかかわらず、長く水に浸かっていたあとに引き上げられても、悪い影響は受けていないようだ。特に、1966年の映画『凶人ドラキュラ』ではこの伝説がうまく使われ、クリストファー・リーの吸血鬼は氷水のなかに沈められるが、『帰ってきたドラキュラ』ではよみがえっている。

首をはねろ！

　民間伝承でも一般常識でも示されるように、斬首はヴァンパイアを破滅させる最も明白で永続的な手段だ。ほとんどの場合、闇の悪魔の斬首は功を奏するが、いくつか注意すべき点がある。火を使う場合と同様に、ヴァンパイアが再生能力をもっていたら、頭を首の上に置き直すと、再びつながるだろう。死体の首は切り落とされたら、胴体とともに燃やされるか、胴体とは別に、口にニンニクを詰めて燃やされることが多い。

灰に注意

　ここまで見てきたように、ヴァンパイアは思っていたよりはるかに複雑な魔物で、それぞれがさまざまなパワーや能力をもっているが、その大部分は民間伝承の幽鬼、初期のヴァンパイア小説や映画から引き出されたものだ。ヴァンパイアから身を守り、その弱点を発見し、ついには破滅させる唯一の方法は、当然のことながら、ヴァンパイアを見破り、退治する方法を知ることだ。

索引

【著者】**オーブリー・シャーマン**（Aubrey Sherman）
　　ライター。夫とともにニューイングランド在住。著書に『魔法使いの教科書』
　　がある。

【訳者】**元村まゆ**（もとむら・まゆ）
　　同志社大学文学部卒業。翻訳家。訳書として『「食」の図書館　ロブスター
　　の歴史』、『「食」の図書館　トウモロコシの歴史』（原書房）、『Sky People』（ヒ
　　カルランド）、『魔女の教科書　ソロのウィッカン編』（パンローリング）など。

VAMPIRES

The Myths, Legends, and Lore

Copyright © 2014 by F+W Media, Inc.
Published by arrangement with
Adams Media, an Imprint of Simon & Schuster, Inc.,
1230 Avenue of the Americas, New York, NY 10020, USA.
Japanese translation rights arranged with
ADAMS MEDIA, A DIV. OF SIMON & SCHUSTER, INC.
through Japan UNI Agency, Inc., Tokyo

ヴァンパイアの教科書

神話と伝説と物語

2020 年 3 月 4 日　第 1 刷

著者…………オーブリー・シャーマン

訳者…………元村まゆ

装幀…………岡孝治

発行者…………成瀬雅人
発行所…………株式会社原書房

〒 160-0022 東京都新宿区新宿 1-25-13
電話・代表 03 (3354) 0685
http://www.harashobo.co.jp
振替・00150-6-151594

印刷…………シナノ印刷株式会社
製本…………東京美術紙工協業組合

©Office Suzuki, 2020
ISBN978-4-562-05717-7, Printed in Japan